RESPONSABILIDADE CIVIL DO ESTADO CONSTITUCIONAL POR OMISSÃO

e a efetividade dos direitos fundamentais

Conselho Editorial
André Luís Callegari
Carlos Alberto Molinaro
César Landa Arroyo
Daniel Francisco Mitidiero
Darci Guimarães Ribeiro
Draiton Gonzaga de Souza
Elaine Harzheim Macedo
Eugênio Facchini Neto
Giovani Agostini Saavedra
Ingo Wolfgang Sarlet
José Antonio Montilla Martos
Jose Luiz Bolzan de Morais
José Maria Porras Ramirez
José Maria Rosa Tesheiner
Leandro Paulsen
Lenio Luiz Streck
Miguel Àngel Presno Linera
Paulo Antônio Caliendo Velloso da Silveira
Paulo Mota Pinto

Dados Internacionais de Catalogação na Publicação (CIP)

H284r Humenhuk, Hewerstton.
Responsabilidade civil do Estado Constitucional por omissão e a afetividade dos direitos fundamentais / Hewerstton Humenhuk. – Porto Alegre : Livraria do Advogado Editora, 2016.
159 p. ; 16 cm.
Inclui bibliografia.
ISBN 978-85-69538-43-1

1. Responsabilidade civil do Estado - Brasil. 2. Estado Constitucional. 3. Direitos fundamentais. 4. Administração pública. 5. Direito público. 6. Responsabilidade administrativa. I. Título.

CDU 342:347.51(81)
CDD 342.81

Índice para catálogo sistemático:
1. Responsabilidade civil do Estado : Brasil   342:347.51(81)

(Bibliotecária responsável: Sabrina Leal Araujo – CRB 10/1507)

Hewerstton Humenhuk

RESPONSABILIDADE CIVIL DO ESTADO CONSTITUCIONAL POR OMISSÃO
e a efetividade dos direitos fundamentais

Porto Alegre, 2016

© Hewerstton Humenhuk, 2016

Capa, projeto gráfico e diagramação
Livraria do Advogado Editora

Revisão
Rosane Marques Borba

Imagem da capa
pixabay.com

Direitos desta edição reservados por
Livraria do Advogado Editora Ltda.
Rua Riachuelo, 1300
90010-273 Porto Alegre RS
Fone: 0800-51-7522
editora@livrariadoadvogado.com.br
www.doadvogado.com.br

Impresso no Brasil / Printed in Brazil

Para Karinne, Celso e Joana, com amor.
Para minha mãe, Ancila Joana Surdi (*in memorian*)

Agradecimentos

O presente livro é fruto de intensa pesquisa e reflexão sobre a responsabilidade civil do Estado e a teoria dos direitos fundamentais. O estudo em tela originou, inicialmente, do aprofundamento sistemático das diversas aulas que ministrei na graduação e na pós-graduação em Direito e culminou com a elaboração e defesa da dissertação de mestrado em Direito. E diante da árdua tarefa de produzir um texto com rigor científico, que por sua vez exige do autor o tempo necessário para escrever, pensar e repensar a adequada exegese sobre o tema, alguns agradecimentos fazem-se necessários.

À linda família que formei, base de toda minha essência, agradecimento eterno e especial com todo o amor possível, Karinne Jaskiu, minha esposa e companheira, e nossos amados filhos, Celso e Joana, que, a cada dia que passa, me tornam o pai mais feliz do mundo.

À Universidade do Oeste de Santa Catarina – UNOESC –, por ter-me oportunizado exercer a gratificante prática da docência. Aos docentes e colegas do Programa de Mestrado em Direito da Universidade do Oeste de Santa Catarina, pelos ensinamentos. Em especial ao meu orientador, prof. Dr. Cristhian Magnus De Marco, pelas destacadas considerações sobre o texto e pelo auxílio incondicional. Aos meus alunos do curso de Direito da UNOESC Joaçaba-SC.

Ao amigo prof. Dr. Marcos Augusto Maliska, pelo apoio e incentivo à pesquisa desde os tempos de graduação, além do exemplo como jurista e pesquisador. Um ser humano fantástico que cruzou minha caminhada acadêmica e fez toda diferença.

Ao prof. Dr. Juarez Freitas, um dos maiores juristas desse país, pelo belo e preciso depoimento conferido ao presente livro e por transformar suas obras jurídicas em expoente referencial teórico indispensável aos que buscam pensar a Administração Pública de forma mais eficiente, sustentável e concretizadora de direitos fundamentais.

Aos amigos fraternos Noel Antônio Baratieri e Pery Saraiva Neto, por quem nutro grande estima, pela força e incentivo na elaboração deste livro. Às pessoas especiais que, direta e indiretamente, contribuíram em minha trajetória acadêmica: à promotora de Justiça Karla Bárdio Meirelles, Antônio Maliska Sobrinho (*in memorian*), Celso Jair Jaskiu (*in memorian*), prof. Dr. Aguinaldo Cezar Surdi, Gustavo Henrique Perin, Hyago Padilha, Aliomar José Açuceno Maliska, Vilmar Francisco Surdi, Elevir Antônio Morantt, Sandro Shirano, Cariane Micheli Jaskiu, Leonir Broetto Jaskiu, Enir Jaskiu, Rui Maliska (*in memorian*), Letícia Jaskiu, Olga Jaskiu e Maria Elda Surdi (*in memorian*).

Sumário

Apresentação (*Marcos Augusto Maliska*) 11

Nota (*Juarez Freitas*) 13

Considerações (*Cristhian Magnus De Marco*) 15

Introdução 17

1. A responsabilidade civil do Estado Constitucional 23
   1.1. A evolução das teorias acerca da responsabilidade estatal 25
   1.2. A Constituição Federal de 1988 e a responsabilidade objetiva 32
   1.3. Regime geral da responsabilidade civil do Estado 41

2. A vinculação do Estado Constitucional aos direitos fundamentais 59
   2.1. A eficácia dos direitos fundamentais como parte nuclear do
       Estado Constitucional 68
   2.2. As perspectivas objetiva e subjetiva dos direitos fundamentais 79
   2.3. O direito fundamental à boa administração pública 88

**3. Efetividade dos direitos fundamentais e responsabilidade civil do
Estado Constitucional por omissão** 95
   3.1. Responsabilidade civil por atos omissivos do estado constitucional 96
   3.2. Proporcionalidade, prevenção e precaução 107
   3.3. O mérito administrativo e as escolhas administrativas legítimas 121

Conclusão 141

Referências 151

Apresentação

Escrever a apresentação do livro "Responsabilidade Civil do Estado Constitucional por Omissão e a Efetividade dos Direitos Fundamentais", de autoria do advogado e professor Hewerstton Humenhuk, é uma grande alegria e me traz uma enorme satisfação por diversas razões. Vou começar pela pessoa do autor do texto.

Hewerstton, que eu de longa data o conheço por Heto, é um grande amigo. Acompanho a sua jornada acadêmica no campo do Direito desde quando do seu ingresso como aluno do Curso de Direito da Universidade do Oeste de Santa Catarina – UNOESC –, em Joaçaba-SC. O Direito se apresentou como algo tão familiar para Heto, que ele desde o primeiro momento já demonstrou que havia escolhido a profissão correta e que tinha uma enorme habilidade para tratar com a matéria jurídica. Aluno brilhante, já demonstrava na graduação grande interesse pela pesquisa acadêmica, sendo referência dessa época seus artigos publicados em periódicos. Advogado nato, Hewerstton optou por ingressar nas lides forenses após o término da Faculdade. Realizou, tempos depois, o Curso de Especialização em Direito Administrativo e Gestão Pública junto à conceituada Faculdade de Ciências Sociais de Florianópolis – CESUSC –, e agora, com o presente texto, escrito originariamente como Dissertação sob a orientação precisa do Prof. Dr. Cristhian Magnus De Marco, recebeu, com nota máxima, o título de Mestre em Direito pelo destacado e inovador Programa de Mestrado em Direito da Unoesc, em Chapecó-SC.

A trajetória acadêmica de Hewerstton demonstra que é possível se ter também excelência na pesquisa acadêmica nas cidades do interior do Brasil. Foi-se a época da centralização nas capitais e nos grandes centros urbanos. Residente na minha cidade natal, a querida Capinzal-SC, Heto estudou e hoje desenvolve sua carreira docente como Professor da Unoesc em Joaçaba-SC. O Programa de Mestrado em Direito da Unoesc é igualmente uma demonstração clara desses novos tempos, nos quais a oportunidade de uma formação de excelência na pós-graduação começa alcançar os profissionais do Direito que não residem nos grandes centros.

O texto aqui apresentado discorre sobre um tema que gera amplos debates no âmbito do Direito Público, visto que vai além da simples afirmação genérica da efetividade dos Direitos Fundamentais, procurando confrontá-la com a responsabilidade civil do Estado Constitucional por omissão. Se, por um lado, a efetividade dos Direitos Fundamentais orienta a atuação administrativa, em que hipóteses se pode caracterizar a omissão da administração pública para com essa efetividade?

Hewerstton discorre com grande maestria pela evolução das teorias da responsabilidade estatal, pela responsabilidade objetiva inscrita na Constituição de 1988, para finalizar o primeiro capítulo apontando o regime geral da responsabilidade civil do Estado. A vinculação do Estado Constitucional aos Direitos Fundamentais é o tema do segundo capítulo do texto. Nele o autor posiciona os Direitos Fundamentais no contexto de sua evolução histórica, do Estado Constitucional e da comunidade política em sentido amplo, demonstrando a centralidade que eles possuem para a vida política e jurídica das sociedades que estão assentadas sobre os seus fundamentos. No terceiro e último capítulo, o autor expõe o núcleo duro da sua pesquisa, abordando o debate teórico e jurisprudencial em torno da responsabilidade civil do Estado Constitucional por atos omissivos e enfrentando a questão sob a ótica dos princípios da proporcionalidade, da prevenção e da precaução. O texto encerra-se com a abordagem da discricionariedade administrativa nas escolhas legítimas e sua sindicabilidade como questão central para a efetividade dos Direitos Fundamentais.

Trata-se, por certo, de inestimável obra de consulta a todos que militam com o assunto, seja no âmbito da administração pública propriamente, nas lides forenses ou nos bancos escolares. O leitor irá encontrar no presente texto uma linguagem que contempla o rigor da pesquisa acadêmica, com a experiência prática de seu autor, advogado publicista que se defronta diariamente com as questões aqui abordadas.

Cumprimento a Livraria do Advogado Editora, de Porto Alegre-RS, pela publicação da obra.

Curitiba-PR, fevereiro de 2016.

Prof. Dr. Marcos Augusto Maliska
Professor do Mestrado em Direitos Fundamentais
e Democracia do *UniBrasil* e Procurador Federal

Nota

O Professor Hewerstton Humenhuk oferece-nos importante livro sobre um dos temas mais desafiadores do Direito Público brasileiro: a responsabilidade estatal por omissão. Salienta, com propriedade e acurácia, a cogência de nova sindicabilidade das escolhas administrativas, condição crucial para a efetividade dos direitos fundamentais de todas as dimensões. Condição, ainda, para que a omissão não prossiga causadora de danos trágicos na formulação e na consecução de políticas públicas.

Conhecedor atento das nuançadas posições doutrinárias a respeito, o autor escolhe, de modo consistente e congruente, a angulação que mais favorece o combate eficaz à omissão, aquele pecado que se faz não fazendo, na sugestiva descrição do Padre Vieira. De fato, o Estado, por excesso ou falha de prevenção e precaução, pode integrar o nexo causal de sacrifícios desproporcionais, em vez de produzir as condições objetivas de bem-estar das gerações presentes e futuras. Logo, o Estado omisso é tão antijurídico como o Estado invasivo. Ou seja, a arbitrariedade sucede por ação ou omissão.

O livro em tela representa uma expressiva contribuição na senda de fazer cessar a omissão inconstitucional e, nessa medida, instaurar o Estado cumpridor diligente dos seus deveres fundamentais.

Porto Alegre-RS, março de 2016.

Prof. Dr. Juarez Freitas
Prof. Titular do Mestrado e Doutorado em Direito da PUCRS,
Prof. Associado de Direito Administrativo da UFRGS e Pres.
do Instituto Brasileiro de Altos Estudos de Direito Público.

Considerações

Com grande satisfação e alegria recebi no Programa de Pós-Graduação em Direito (Mestrado) da Universidade do Oeste de Santa Catarina – UNOESC –, a responsabilidade de orientar a dissertação de mestrado do meu amigo e duplamente colega – advogado e professor – Hewerstton Humenhuk.

Por ser um pesquisador muito aplicado, Hewerstton vem se destacando desde a graduação em Direito com a publicação de diversos artigos científicos relacionados às temáticas da eficácia e da efetividade dos Direitos Fundamentais. A opção por esse recorte do fenômeno jurídico revela, como posso atestar, a sensibilidade do autor e o seu aguçado senso de humanidade.

O texto possui sólido embasamento teórico e acadêmico, com o mérito de não descurar do enfrentamento de problemas concretos e polêmicos da responsabilidade civil do Estado. O autor mostra, portanto, que é possível o desenvolvimento de boa dogmática jurídica, comprometida com os valores inerentes a uma sociedade pluralista e que tem por fim a promoção de condições igualitárias para o desenvolvimento da dignidade de todos os cidadãos.

Por certo, a aplicação da responsabilização civil do Estado por omissão na realização de Direitos Fundamentais não é tarefa simples e nem imune a dificuldades. De toda sorte, o professor Hewerstton Humenhuk deixou a sua marca acadêmica na luta pela garantia dos direitos fundamentais e, agora, também registra, na forma de livro, a sua interpretação de boa gestão pública com o posicionamento firme e atual sobre todos os pontos polêmicos da responsabilidade civil do Estado. Faço votos que as ideias expostas pelo autor sejam amplamente acolhidas e aplicadas por juristas e por gestores públicos brasileiros!

Chapecó-SC, fevereiro de 2016.

Prof. Dr. Cristhian Magnus De Marco
Professor e pesquisador do Programa de Pesquisa, Extensão e
Pós-Graduação, Mestrado em Direito da *Unoesc*.
Doutor em Direito pela *PUC-RS*

Introdução

Os direitos fundamentais constituem a base e a essencialidade para qualquer noção de Constituição. São fundamentos de legitimidade do sistema dogmático-constitucional. E como o Estado Constitucional se legitima se as normas constitucionais de direitos fundamentais forem vinculantes e indisponíveis em relação a todos os poderes constituídos (legislativo, administrativo e judicial), sua eficácia plena e aplicabilidade imediata é inarredável. A força normativa da Constituição conclama os poderes constituídos em eleger como prioridade a efetivação dos direitos fundamentais, sob pena de responsabilidade civil do Estado por omissão. Nesse sentido, o presente estudo tem como tema principal a responsabilidade civil do Estado Constitucional por omissão, a partir da efetividade dos direitos fundamentais, fundada nas escolhas administrativas legítimas.

O mundo dos fatos está repleto de situações cotidianas em que há manifesta utilização de escolhas discricionárias que descumprem imotivadamente os mandados de otimização dos princípios e garantias fundamentais. Não por acaso a jurisprudência brasileira se depara com reiteradas situações de descaso por parte do Estado na concretização de direitos fundamentais. E o próprio sistema jurídico, enraizado de práticas omissivas e desprovidas de *standards* mínimos de razoabilidade, favorece para que as escolhas administrativas sem qualquer motivação sejam amparadas em excessos, retrocessos, arbitrariedades e pseudolegalidades, mas que na verdade estão totalmente destoadas da pauta jusfundamental.

Todas essas situações podem ensejar determinados danos injustos e desproporcionais, que geram invariavelmente a necessidade de reparação estatal, notadamente em função da teoria do risco administrativo fundamentado no art. 37, § 6º, da Constituição Federal, que determina que as pessoas jurídicas de direito público e as de direito privado prestadoras de serviço público responderão pelos danos que seus agentes, nessa qualidade, causarem a terceiros, assegurado o direito de regresso contra o responsável nos casos de dolo ou culpa.

Assim, o Estado Constitucional, considerado como sujeito de direitos, é responsável pelos atos ou omissões praticadas no exercício das funções públicas, tendo o dever de arcar com os ônus suportados por um dos membros da sociedade, quando esse suporta demasiadamente algum encargo proveniente de um serviço público que se constitui como instrumento indispensável na efetivação de direitos fundamentais.

Invariavelmente, os entes que compõem o Estado são legitimados também como instrumentos de concretização e efetividade dos direitos fundamentais. Logo, todas as escolhas legítimas de quem representa o Estado Constitucional devem passar por um juízo axiológico a partir de valores consubstanciados na maior otimização possível dos direitos fundamentais. É o Estado Constitucional da proporcionalidade que coíbe e afasta a ampla discricionariedade e exige escolhas voltadas à boa administração, sob pena de causar desproporcional dano injusto por excessos ou omissões inconstitucionais.

A dificuldade apresentada atualmente, da sindicabilidade das escolhas administrativas, aliada à resistência de uma mudança no ato de decidir dos agentes públicos, é fator preponderante do risco de gerar danos por omissão. Portanto, a efetividade dos direitos fundamentais, sejam eles de defesa ou prestacionais, demanda a necessidade de uma atuação diligente e proporcional, para que os poderes constituídos concretizem formal e materialmente esses direitos. A inércia ou a omissão dessas imposições constitucionais pode ocasionar a responsabilidade do Estado, do qual somente estará isento se rompido o nexo de causalidade pela aplicação das chamadas excludentes de responsabilidade. Trata-se de afastar o entendimento da teoria da responsabilidade subjetiva para atos omissivos, em que há necessidade de comprovar a culpa do Estado, e adotar irrestritamente a responsabilidade objetiva, quando se tratar especificamente de omissão desproporcional na concretização de direitos fundamentais.

Nesse sentido, emerge a necessidade de uma interpretação de matiz eminentemente jusfundamental na responsabilidade civil do Estado por omissão, de modo que sejam identificados os seus elementos ensejadores, caso haja desproporcional insuficiência ou descompasso nas escolhas e decisões voltadas à efetividade dos direitos fundamentais. E, não menos importante, operacionalizar instrumentos voltados ao controle e à orientação para as melhores escolhas administrativas legítimas que consagrem, vez por todas, como diz Juarez Freitas, as razões da Constituição, e não as razões de quem representa o Estado, que ora nega a efetividade dos direitos fundamentais, ora os afirma claudicantes.

O desenvolvimento do presente livro possui considerável compromisso com uma investigação pautada no exame selecionado das doutrinas especializadas e no suporte em referencial teórico comprovadamente reconhecido sobre a temática. Há também sério levantamento em relevante pesquisa bibliográfica de artigos, textos e trabalhos desenvolvidos a partir da teoria dos direitos fundamentais, além da adequada seleção minuciosa de jurisprudências emblemáticas e paradigmas, indispensáveis à compreensão do assunto.

Esclarece-se que a opção pela expressão "Responsabilidade civil do Estado" no título do presente trabalho se mostra adequada, na medida em que o instituto é assim tratado em todos os referenciais teóricos da matéria. Destarte, a responsabilidade civil estatal advém expressamente do sistema jurídico-constitucional como um todo, e não exclusivamente de ações e omissões da Administração Pública, advindo também de atividades jurisdicionais e legiferantes, conforme exposto no bojo do trabalho. A exegese aqui tratada é a partir da efetividade dos direitos fundamentais como núcleo central do texto constitucional e papel de todos os poderes do Estado Constitucional.

A presente pesquisa é estruturada em três capítulos, apresentando inicialmente os elementos da responsabilidade civil do Estado a partir de suas características eminentemente constitucionais, para na sequência demonstrar a vinculação do Estado Constitucional aos direitos fundamentais, com o escopo de externar as questões centrais envolvendo a responsabilidade estatal por omissão e suas intercorrências a partir das escolhas administrativas legítimas voltadas à efetividade dos direitos fundamentais.

No primeiro capítulo, demonstrar-se-á a evolução das teorias da responsabilidade civil do Estado Constitucional, decorrente da passagem da teoria da irresponsabilidade estatal, típica de Estados absolutistas, até sua consagração no texto constitucional, fundada na teoria do risco administrativo, em que, nesse contexto, a influência da teoria da culpa e da responsabilidade subjetiva do Código Civil teve papel marcante, além da origem da responsabilidade objetiva na teoria do risco integral.

Na sequência, far-se-á um estudo sistematizado da responsabilidade objetiva, a partir do disposto no art. 37, § 6º, da Constituição Federal, o que, por obviedade, exclui a responsabilidade contratual, administrativa e penal, donde serão apontados os elementos do dano e nexo de causalidade, bem como o estudo do conceito de serviço público para fins de definição do alcance da responsabilidade civil das pessoas jurídicas de direito público e das pessoas jurídicas de direito privado prestadoras de serviço público.

Por se tratar o instituto da responsabilidade civil do Estado um dos tópicos de direito público mais divergentes na doutrina e na jurisprudência, ainda na parte inaugural do texto, imprescindível se mostra elencar o regime geral da responsabilidade civil do Estado, com a descrição e as divergências da responsabilidade por atos legislativos, atos jurisdicionais e danos ambientais, uma vez que a responsabilidade estatal não se resume somente aos atos da Administração Pública. Além disso, questões divergentes sobre prescrição, direito de regresso, denunciação da lide ao agente causador do dano, além do exame das excludentes de responsabilidade estatal, são importantes para compreensão adequada do estudo proposto.

No segundo capítulo, será desenvolvida a vinculação do Estado Constitucional aos direitos fundamentais, passando pela sua origem e evolução, a fim de demonstrar o seu papel de destaque no catálogo constitucional, até sua localização nuclear no Estado Social e Democrático de Direito. Nesse viés, será imprescindível a sistematização acerca da eficácia e aplicabilidade dos direitos fundamentais, inclusive sua eficácia horizontal, com o propósito hermenêutico de definir o alcance e a vinculação do art. 5º, § 1º, da Constituição Federal, os pontos em torno das normas programáticas, além da relevância das normas jusfundamentais e sua carga eficacial, tanto dos direitos de defesa como dos direitos sociais prestacionais.

Os direitos fundamentais, como sistema aberto e flexível, e sua interpretação tópica, aliada ao estudo da dimensão objetiva e subjetiva dos direitos fundamentais, mostrar-se-ão extremamente importantes, a fim de compreender o alcance no âmbito da responsabilidade estatal por omissão. Em específico, o papel da Administração Pública e dos demais poderes com a exegese adequada acerca da perspectiva objetiva e sua intercorrência na perspectiva subjetiva demonstrará um liame obrigacional de exigibilidade nas referidas dimensões do mesmo direito fundamental.

Destarte, os direitos fundamentais, como fonte irradiadora e parâmetro do Estado-administrador, assumiram papel de autêntico limite substantivo, e não meramente formal, das escolhas administrativas, atuando como normas fundamentais para boa gestão da coisa pública. Imperiosa, portanto, a configuração do direito à boa administração como direito fundamental, concepção originariamente consagrada na Europa a partir do art. 41 da Carta de Nice, que, por sua vez, também vem despertando na doutrina brasileira defensores do seu reconhecimento, consoante interpretação sistemática do texto constitucional de 1988. Nesse sentido, inequívoco explicitar a fundamentalidade do direito à boa administração como forma de reorientar o papel do Estado

Constitucional nas escolhas administrativas legítimas e dimensionar a responsabilidade estatal por omissão.

No terceiro capítulo, proceder-se-á ao estudo acerca da responsabilidade do Estado por atos omissivos e da efetividade dos direitos fundamentais relacionados às escolhas administrativas legítimas como pressuposto do direito fundamental à boa administração. Como a pesquisa foi direcionada especificamente para o estudo da responsabilidade civil das omissões estatais, justifica-se seu desenvolvimento no capítulo terceiro como forma de interligação entre a temática. Parte-se da enorme divergência doutrinária e jurisprudencial, notória pelo reconhecimento de repercussão geral do tema no Supremo Tribunal Federal, para tratar se a omissão estatal configura causa ou condição para o dano injusto suportado. O debate doutrinário e jurisprudencial nos Tribunais superiores será enfrentado como forma de posicionar o tema à luz dos direitos fundamentais.

Será incursionado, ainda que brevemente, na construção dogmática em torno da reserva do possível, que outrora é utilizada como argumento de excludente de responsabilidade do Estado Constitucional face a sua omissão na concretização de direitos fundamentais. Ademais, demonstrar-se-á a instrumentalização dos princípios da proporcionalidade, prevenção e precaução como forma de resguardar as escolhas administrativas legítimas pautadas em uma fundamentação razoável, justa e adequada para efetividade dos direitos fundamentais, exatamente evitando eventuais danos injustos oriundos de omissões desproporcionais.

A sindicabilidade sobre as escolhas administrativas legítimas e seu papel decisivo na efetividade dos direitos fundamentais requererão estudo apurado e crítico, a fim de deixar assente a reorientação da responsabilidade objetiva do Estado Constitucional por omissão, com o necessário apontamento de provocações e soluções, ainda que não exaustivas, o que sugere uma redefinição concreta, proporcional, justa e adequada de todos os atores políticos.

1. A responsabilidade civil do Estado Constitucional

A ideia de responsabilidade do Estado está intimamente ligada à própria noção do Estado Constitucional, em que a sujeição dos indivíduos à lei, à separação dos Poderes e, modernamente, aos direitos fundamentais, embasa toda a estrutura pela qual, caso se haja ocasionado dano a alguém, imputa-se a responsabilidade de repará-lo.

A ligação obrigacional do Estado à efetividade dos direitos fundamentais e a responsabilidade por sua omissão constitucional remontam a doutrina jusfundamental a partir de referenciais teóricos como Alexy,[1] Bobbio,[2] Dworkin,[3] entre outros. O modelo normativo a partir do século XX e a constitucionalização da Administração Pública sob a égide do Estado Constitucional de Direito ensejaram uma série de mudanças na atividade administrativa do Estado, com vistas à satisfação dos direitos fundamentais.

Segundo Bandeira de Mello, o próprio Estado Constitucional de Direito é encontrar-se nas suas mais variadas faces, totalmente sujeito aos parâmetros da legalidade. Inicialmente sujeito aos dispositivos constitucionais, bem como aos próprios termos propostos pelas leis; além disso, adstrito à observância dos atos normativos inferiores de qualquer espécie expedidos pelo Poder Público em consonância com os referidos mandamentos constitucionais e legais.[4] Dessa proposta, agente estatal algum, seja qual for a esfera ou o exercício de poder, jamais poderá se afastar. Habermas defende inclusive que a insuficiência da ultrapassada construção clássica do princípio da separação de

---

[1] ALEXY, Robert. *Teoria de Los Derechos Fundamentales.* Tradução espanhola por Ernesto Garzón Valdés. Madrid: Centro de Estudios Constitucionales, 1997.

[2] BOBBIO, Norberto. *A Era dos Direitos.* Tradução de Carlos Nelson Coutinho. Rio de Janeiro: Campus, 1992.

[3] DWORKIN, Ronald. *Los derechos en serio.* Tradução de Marta Gustavino. Barcelona: Ariel Derecho, 1989.

[4] BANDEIRA DE MELLO, Celso Antonio. *Discricionariedade e Controle Jurisdicional.* 2. ed. São Paulo: Malheiros, 1998, p. 10-11.

poderes passa a defender a irradiação dos direitos fundamentais para todas as esferas do direito, principalmente para aquelas relacionadas à atuação do Estado.[5]

Como o Estado Constitucional pressupõe o caráter normativo e vinculante da Constituição, o aparato estatal encontra-se fundado nos seus preceitos fundamentais e deve manter uma atuação diligente, proporcional, programada e controlada. O Estado Constitucional torna-se verdadeiramente legitimado se as normas constitucionais forem vinculantes e indisponíveis em relação a todos os poderes constituídos (legislativo, administrativo e judicial). Peña Freire aponta que o Estado Constitucional está submetido ao direito em todos os seus aspectos, como forma de validade normativa às possibilidades de expressão do poder político.[6] E a força normativa da Constituição[7] conclama os poderes constituídos e a sociedade a priorizar a efetivação dos direitos fundamentais, sob pena de responsabilidade estatal.

O Estado, nesse viés, é submetido à lei e à ordem jurídica, assim como os cidadãos. Se causar um dano, desbordando-se dos ditames da lei, deverá suportar as consequências nela previstas. É a máxima da divisão equitativa entre ônus e encargos de todos os membros da sociedade.[8] Savatier escreve que a própria noção de responsabilidade repousa na ideia de liberdade humana, uma vez que o cidadão livre responde pelos seus atos em diversas áreas. Se cometer um crime, sofrerá uma reprimenda amparada na responsabilidade penal. Ao contrário, se cometer um dano para com seu semelhante, ficará obrigado a reparar, cujo fundamento é a responsabilidade civil.[9]

O Estado Constitucional, considerado como sujeito de direitos, é responsável pelos atos praticados no exercício das funções públicas, tendo o dever de arcar com os ônus suportados por cada um dos membros da sociedade, quando esses suportam demasiadamente algum encargo proveniente de um serviço público. Como o Estado

---

[5] HABERMAS, Jürgen. *Direito e Democracia entre Facticidade e Validade*. Tradução por Flávio Beno Siebeneichler. 2. v. Rio de Janeiro: Templo Brasileiro, 1997, p. 308.

[6] PEÑA FREIRE, Antonio Manuel. *La Garantía em el Estado Constitucional de Derecho*. Madrid: Trotta, 1997, p. 58.

[7] HESSE, Konrad. *A força normativa da Constituição*. Tradução de Gilmar Ferreira Mendes. Porto Alegre: Sergio Antonio Fabris, 1991, p. 24.

[8] O próprio art. 13 da Declaração dos Direitos do Homem e do Cidadão francesa de 1789 assevera, segundo lição de Latournerie, que a igualdade de todos perante os encargos públicos não é a fundamentação constitucional única no regime de responsabilidade do Estado, mas tão somente um desdobramento do princípio da legalidade que exsurge na responsabilidade sem culpa. In: LATOURNERIE, Marie-Aimée. *Responsabilité Publique et Constitution*. Paris: Mélanges Chapus, 1992, p. 353.

[9] SAVATIER, René. *La théorie des obligatios em droit privé écnomique*. Quadrième, éd. Paris: Dalloz, 1979, p. 271.

Constitucional moderno acolhe, outrossim, o princípio da igualdade de todos perante a lei, forçosamente, haver-se-á de aceitar que é injurídico o comportamento estatal que agrave desigualmente alguém ao exercer atividades no interesse de todos, sem ressarcir o lesado.[10]

O fundamento do regime da responsabilidade do Estado Constitucional, seja administrativa ou civil, excluída a contratual, é a premissa de que o aparato estatal não se constitui como um fim em si mesmo. Os órgãos e entes que compõem o Estado somente se justificam como instrumentos de concretização e efetividade dos direitos fundamentais. Esse deve ser o elemento nuclear de todas as escolhas legítimas de quem representa o Estado Constitucional. É o Estado da proporcionalidade que coíbe e afasta a ampla discricionariedade e exige escolhas voltadas para o direito fundamental à boa administração, sob pena de causar desproporcional dano injusto, por excessos ou omissões desprovidas da pauta constitucional. Imperiosa, portanto, a verificação dos principais elementos que compõem a responsabilidade civil do Estado, desde a evolução das teorias até seu fundamento constitucional e o regime geral do instituto.

1.1. A evolução das teorias acerca da responsabilidade estatal

Etimologicamente, responsabilidade, derivada do vocábulo latino *respondere*, enseja a ideia de resposta; é a qualidade ou condição de responsável, o qual, por sua vez, significa aquele que responde pelos próprios atos ou pelos atos de outrem. Carvalho Filho expõe que a noção jurídica de responsabilidade repousa na ideia de que alguém, o responsável, deve responder perante a ordem jurídica em virtude de algum fato precedente.[11] A responsabilidade civil, amplamente considerada, tem sua origem no direito civil, no qual se utiliza

---

[10] MELLO, Oswaldo Aranha Bandeira de. *Princípios gerais de direito administrativo*. v. 1. São Paulo: Forense, 1969, p. 922.

[11] Segundo Sawen Filho o conceito de responsabilidade é bastante difícil de ser fixado, embora o seu conceito, antes mesmo de ser assimilado, quase que é sentido em nossa vida cotidiana, isso porque toda a atividade humana, em qualquer campo que se exerça, traz em si o problema da responsabilidade. Entretanto, o seu conceito, variando de acordo com os aspectos que possa abranger, determina uma diversificada gama de entendimentos que se amoldam a esta ou àquela posição doutrinária, conforme as teorias filosóficas que os inspiram. SAWEN FILHO, João Francisco. *Da responsabilidade civil do Estado*. Rio de Janeiro: Lumen Juris, 2001, p. 1. Para Trujillo, de todos os seus significados, fundados nas mais diferentes doutrinas, aquele que mais imune tem se colocado às críticas é o que adota a noção de responsabilidade como aspecto da realidade social. TRUJILLO, Élcio. *Responsabilidade do Estado por ato lícito*. São Paulo: Editora de Direito, 1995, p. 30. Este instituto não é um fenômeno exclusivo da vida jurídica, mas antes vincula-se a todos os campos de atuação da vida social. In: CARVALHO FILHO, José dos Santos. *Manual de Direito Administrativo*. 24. ed. rev. ampl. e atual. Rio de Janeiro: Lumen Juris, 2010, p. 499.

o termo "responsabilidade" em qualquer situação em que uma pessoa deve arcar com as consequências de um ato, fato ou negócio danoso.

O instituto surgiu pela primeira vez no direito francês, com a revolução iluminista do final do século XVIII, sendo formulado de maneira pioneira e expressamente no Código Civil francês, daí espalhando-se por todas as codificações posteriores.[12]

Quanto ao direito brasileiro, o atual Código Civil, em seu artigo 186, dispõe que aquele que, por ação ou omissão voluntária, negligência ou imprudência, violar direito e causar dano a outrem, ainda que exclusivamente moral, comete ato ilícito. No direito privado, a responsabilidade civil consubstancia-se na obrigação de indenizar um dano patrimonial decorrente de um fato lesivo voluntário, acrescentando-se a possibilidade de reparação do dano exclusivamente moral, como já fora reconhecido pela Constituição Federal de 1988.

Para que ocorra a responsabilidade civil clássica, é necessária a configuração de alguns elementos, quais sejam: (a) o fato lesivo causado pelo agente por culpa em sentido amplo, a qual abrange o dolo e a culpa em sentido estrito, esta que engloba a negligência, a imprudência ou a imperícia; (b) a ocorrência de um dano patrimonial ou moral; e (c) o nexo de causalidade entre o dano e o comportamento do agente. É necessário que o dano haja efetivamente ocorrido, direta ou indiretamente, da ação ou omissão indevida do agente, e que tenha causado um dano patrimonial ou moral ao lesado, surgindo para este o direito à reparação dos prejuízos, ou seja, à indenização.

No que concerne ao direito público, tem-se então a responsabilidade civil do Estado[13] como a obrigação que esse tem de indenizar os danos patrimoniais ou morais que seus agentes, por estarem agindo em seu nome, na qualidade de agentes públicos, causarem à esfera juridicamente tutelada dos particulares. Refere-se assim à responsabilidade civil estatal, diferenciando-a da responsabilidade contratual, pois esta pressupõe a existência de um contrato administrativo,

---

[12] Julgamento emblemático e pioneiro de responsabilidade civil ocorreu na França em 1873 conhecido como *"caso Blanco"*, onde a menina Agnès Blanco foi atropelada por uma vagonete da Companhia Nacional de Manufatura de Tabaco, de exploração do Estado, em 1873, em Bordeaux, na França. O pai da menina acionou a justiça com um pedido de indenização, alegando a responsabilidade civil do Estado por prejuízos causados a terceiros, em face das atividades de seus agentes. O pedido chegou ao Conselho de Estado Francês, que decidiu pela responsabilização do Estado pela reparação dos danos causados à menina atropelada In: BITTENCOURT, Gisele Hatschbach. *Responsabilidade Extracontratual do Estado*. Belo Horizonte: Fórum 2010, p. 44.

[13] Quando se pretende analisar a questão da responsabilização do Estado, é imprescindível, desde já, estabelecer que, assim como ocorreu quando da análise do nascimento e desenvolvimento do Estado, é a atividade humana que acaba por determinar as formas pelas quais se dará essa responsabilidade. In: BARBOSA, André Luiz Jardini. *Da responsabilidade do Estado quanto ao erro judiciário na sentença penal absolutória*. Dissertação de Mestrado em Direito e Serviço Social. Universidade Estadual Paulista Julio de Mesquita Filho. Franca, 2008, p. 54.

enquanto aquela é derivada de ato ou fato administrativo extracontratual decorrente da função estatal.

Por fim, não há que se confundir a responsabilidade civil com as responsabilidades administrativa e penal, o que varia de acordo com a natureza da norma jurídica que contempla o fato causador da responsabilidade. A responsabilidade penal resulta da prática de crimes ou contravenções tipificadas em lei previamente ao ato. A responsabilidade administrativa, por sua vez, provém de infrações, por agentes públicos, das leis e regulamentos que regem seus atos e condutas. Nada obsta, porém, que a mesma conduta viole de forma simultânea normas de natureza diversa, porquanto existe a possibilidade de cumulação das responsabilidades de maneira independente, uma vez que a responsabilidade civil independe da criminal e da administrativa, com as quais pode coexistir sem, todavia, confundir-se.

Feitas essas breves considerações, vale mencionar, sem aprofundamento, as teorias já adotadas no Brasil e que foram lapidadas por meio de construções doutrinárias. No período colonial, baseada nas leis portuguesas, vigorava a teoria da irresponsabilidade patrimonial do Estado, ou seja, compatível com a monarquia portuguesa da época. Nos períodos imperial e republicano, leis ordinárias previam a responsabilidade solidária do Estado em caso de omissão ou abuso praticado por funcionário no exercício de suas funções.

Com a promulgação do Código Civil brasileiro de 1916, a maior parte da doutrina entendia, com base em seu artigo 15, a assunção da teoria da responsabilidade civil subjetiva ou teoria da culpa, sendo necessária a configuração de dolo ou culpa do agente para a responsabilização civil do Estado. As Constituições de 1934 e de 1937 adotaram a sistemática anterior ao Código. Somente a partir da Constituição Federal de 1946, em seu artigo 194, é que a teoria da responsabilidade objetiva encontrou guarida no Brasil. A Constituição de 1967 e a Emenda n. 1 de 1969 mantiveram a sistemática da Carta Maior de 1946, mantida até os dias de hoje pela redação do § 6º do artigo 37 da Constituição Federal de 1988.

Nota-se que a evolução histórica da teoria da responsabilidade civil do Estado passou diferentes fases. Em um primeiro momento, vigorou a teoria da irresponsabilidade do Estado, típica do Estado absolutista ou Estado de polícia, quando não respondia pelos danos causados a terceiros, sob as máximas argumentativas *The King can do no wrong*, do inglês "o rei não erra", e do francês *Le roi ne peut mal faire*, cuja tradução é "o rei não pode fazer mal". A ideia que prevalecia era a de que o soberano era irresponsável por seus atos, ou seja, o Estado não tinha qualquer responsabilidade pelos atos praticados por seus agentes.[14]

Escreve Cahali[15] que a irresponsabilidade estatal era embasada em determinadas premissas. A primeira era a soberania do Estado, que não estava em posição de igualdade com os súditos. Quando o Estado exige obediência, não o faz para fins próprios, ao contrário, em benefício dos súditos. A segunda era que o Estado é o criador do direito, sendo impossível ser o próprio ente estatal violador desse direito. E a terceira era que os atos contrários à lei deveriam ser imputados ao funcionário, e não ao Estado. Logo, o fato de os agentes públicos atuarem em nome do ente estatal era uma mera ficção, porquanto quem representava o Estado era o seu chefe de governo, e não aqueles. As relações jurídicas do mandato não poderiam ser aplicadas aos servidores estatais, uma vez que os funcionários e o Estado eram pessoas distintas, não podendo imputar a culpa daqueles a este. Aduz-se ainda que o ente estatal não poderia prestar autoridade contra sua própria autoridade.[16]

Posteriormente, evoluiu-se para a teoria da responsabilidade subjetiva do Estado, fundada na culpa do agente (teoria da culpa), quando o Estado responderia pela culpa *in eligendo* ou culpa *in vigilando*, restando ao particular supostamente lesado o ônus da prova da conduta culposa, cuja base, no Brasil, era o artigo 15 do antigo Código Civil de 1916. Essa teoria procurou equiparar o Estado ao indivíduo, sendo este, portanto, obrigado a indenizar os danos causados aos particulares nas mesmas hipóteses em que existe tal obrigação aos indivíduos. Existiria obrigação de indenizar quando os agentes públicos tivessem agido com dolo ou culpa, cabendo ao particular o ônus de demonstrar a existência desses elementos subjetivos. Gasparini escreve que essa teoria, apesar de representar um avanço considerável, ainda não satisfaria os "interesses da Justiça".[17] Para o autor, exigia-se muito dos administrados, porquanto o lesado tinha que comprovar

---

[14] CRETELLA JÚNIOR, José. *Tratado de Direito Administrativo*. 2. ed. Rio de Janeiro, Forense: 2003, p. 203.

[15] CAHALI, Yussef Said. *Responsabilidade Civil do Estado*. 2. ed. ver. e atual. São Paulo: Malheiros Editores, 1995, p. 20.

[16] Em peculiar estudo precursor sobre a responsabilidade civil do Estado, Cavalcanti, ao discorrer sobre a teoria da irresponsabilidade, asseverou que "se fosse reconhecido ao indivíduo o direito de acionar o Estado pelo atos de seu governo ou da sua administração, isso tornaria a ação do Estado, não só, embaraçosa, vacilante, menos enérgica, – como também, acarretaria enorme encargo ao tesouro público: não é justo exigir imposto de todos os membros da coletividade, para aplicar o seu produto em satisfazer os prejuízos particulares de alguns deles somente" In: CAVALCANTI, Amaro. *Responsabilidade Civil do Estado*. Edição atualizada por José de Aguiar Dias. Rio de Janeiro: Borsoi, 1957, p. 272.

[17] GASPARINI, Diógenes. *Direito Administrativo*. 14. ed. rev. São Paulo: Saraiva, 2009, p. 900.

que o Estado, por meio de seus agentes, agiu com culpa ou dolo, além de comprovar ainda o dano sofrido.

O grande mérito da teoria da culpa foi romper os tradicionais argumentos que justificavam a irresponsabilidade absoluta do Estado. Porém essa teoria não solucionava os casos de falhas da máquina administrativa, de falha ou ineficácia do serviço público, aliado ao fato de o cidadão ter a difícil missão de comprovar o dano e a culpa do ente estatal, que presumia-se atuar em cumprimento ao dever legal.

Como era notória a dificuldade da vítima em comprovar o dano suportado e a culpa estatal, fragmentou-se a comprovação da culpa do agente – elemento subjetivo – para a culpa anônima. Surge então um terceiro momento, com base na clássica doutrina de Duez: a teoria da responsabilidade civil do Estado fundava-se na culpa do serviço – *faute du servisse* –, ou seja, cumpriria ao particular comprovar a falha do serviço público, o seu não funcionamento ou funcionamento irregular (culpa administrativa).[18] Não indagava a culpa subjetiva do agente público, mas a falta objetiva do serviço em si. Tal teoria veio a constituir o elo de ligação entre as teorias civilistas e a teoria atual publicista objetiva. Foi nesse período que o instituto da responsabilidade do Estado passou a ser referido nos contornos do direito público. A culpa do serviço era caracterizada quando ocorria abaixo do funcionamento normal ou de seu nível médio. Todavia, como não havia um padrão para a boa prestação dos serviços públicos, ou ao menos uma prestação regular dos serviços, havia ainda dificuldade da vítima em comprovar tais aspectos.[19]

Segundo Bittencourt, é possível "observar que são duas as teorias subjetivas para fundamentar a responsabilidade do Estado com base na noção de culpa, a culpa individualizada do agente público e a culpa anônima do serviço público. A primeira encontra assento no direto privado, a segunda é publicista".[20] A teoria da culpa do serviço ou culpa anônima foi o embrião do que hoje entende-se por responsabilidade objetiva do Estado.

Por fim, evoluiu-se então para a teoria da responsabilidade objetiva do Estado (responsabilidade sem culpa). Essa teoria, de início, foi amparada no chamado risco integral, oriundo da Constituição Federal de 1946, quando não são admitidas quaisquer excludentes de responsabilização do Estado. Não havia mais a necessidade de comprovar a culpa para responsabilizá-lo, bastando comprovar o nexo causal e o

---

[18] DUEZ, Paul; DEBEYRE, Guy. *Traité de Droit Administratif*. Paris: Librairie Dalloz, 1952, p. 417-418.

[19] RIVERO, Jean. *Direito Administrativo*. Coimbra: Almedina, 1981, p. 320.

[20] BITTENCOURT, op. cit. p. 46.

dano suportado. Há a inversão do ônus. Também não existe qualquer excludente de responsabilidade. Essa forma radical de responsabilização obriga a Administração Pública a indenizar todo e qualquer dano, independente de culpa ou dolo e de excludentes de responsabilidade, o que conduz ao "abuso e iniquidade social", uma espécie de "segurador universal", conforme expressão usada por Bandeira de Mello.[21]

Pela teoria do risco integral, não se indaga a culpa da vítima, posto que tão somente pelo fato de o Estado estar envolvido no evento danoso, teria que indenizar. A teoria do risco integral é adotada na responsabilidade civil do Estado no caso de atentados terroristas, atos de guerra ou desastres nucleares por conta da conduta alheia, típicos casos previstos no artigo 21, inciso XXIII, alínea "c", da Constituição Federal, e na Lei n. 10744/2003, que trata de eventos contra aeronaves brasileiras no transporte aéreo público.

Há quem defenda ainda, com certa timidez, a teoria do risco social, em que surge o dever de o Estado reparar quando o bem-estar da coletividade é atingido. Segundo Rolim, haverá a responsabilidade do Estado quando houver a quebra da harmonia social, porquanto o ente estatal deveria manter o bem-estar da sociedade, bastando que a vítima comprove o dano suportado, independente do exame do nexo causal.[22]

A forma radical de responsabilização do Estado a partir da teoria do risco integral foi amenizada pela chamada teoria do risco administrativo, hoje incorporada ao ordenamento jurídico constitucional brasileiro, pela qual o Estado responde objetivamente pelos danos que seus agentes causarem a terceiros, ressalvados os casos de excludentes do dever de indenizar. O comportamento doloso ou culposo da vítima pode graduar, diminuir, mitigar ou até excluir a responsabilidade do Estado. A teoria do risco administrativo, embora dispense a prova da culpa da Administração, permite que o Estado demonstre a culpa da vítima, para excluir ou atenuar a indenização.

A teoria do risco administrativo faz surgir a obrigação de indenizar o dano do só ato lesivo e injusto causado à vítima pelo Estado. Não se exige qualquer falta do serviço público, nem culpa de seus agentes. Basta a lesão, sem o concurso do lesado. Ressalta Bittencourt que a propagação da teoria do risco administrativo se apresentou como elemento notoriamente revolucionário, com vistas a evitar o tortuoso

---

[21] BANDEIRA DE MELLO, Celso Antonio. *Ato administrativo e direitos dos administrados*. São Paulo: Revista dos Tribunais, 1981, p. 922.

[22] ROLIM, Luiz Antonio. *A Administração indireta, as concessionárias e permissionárias em juízo*. São Paulo: Revista dos Tribunais, 2004, p. 68.

caminho em provar a existência da culpa estatal.[23] Escreve ainda a autora que sua "perfeita adequação ao direito público em todo o mundo deu-se em virtude de ajustar-se à noção de Estado Democrático de Direito, cujos encargos públicos são a todos impostos de maneira igualitária, justamente a ideia de solidariedade social e equidade"[24] que já era prevista na Declaração francesa de 1789.

Na teoria da culpa administrativa, exige-se a falta do serviço; na teoria do risco administrativo, exige-se apenas o fato do serviço. Naquela, a culpa é presumida da falta administrativa; nesta, é inferida do fato lesivo da Administração. Aqui não se cogita da culpa estatal ou de seus agentes, bastando que a vítima demonstre o fato danoso e injusto ocasionado por ação ou omissão do Poder Público.

Tal teoria, como o nome está a indicar, baseia-se no risco que a atividade pública gera para os administrados e na possibilidade de acarretar dano a certos membros da comunidade, impondo-lhes um ônus não suportado pelos demais. Isso porque o risco administrativo não se confunde com o risco integral. O risco aqui referido é um chamado de atenção para o cumprimento da missão constitucional do Estado, que deve ser realizada com zelo e eficiência, não podendo ser omisso. Se verificada a ação ou omissão no dever do Estado constitucional em diversos setores, surge a obrigatoriedade de reparação para a vítima, caso esta suporte um dano em função da atuação ou omissão do ente estatal.

Bandeira de Mello aponta que, no caso de "comportamentos ilícitos comissivos ou omissivos, jurídicos ou materiais, o dever de reparar o dano é a contrapartida do princípio da legalidade.[25] Porém, no caso de comportamentos ilícitos comissivos, o dever de reparar já é, além disso, imposto também pelo princípio da igualdade". Escreve ainda o autor que no caso de comportamentos lícitos, há uma "equânime repartição dos ônus provenientes dos atos ou efeitos lesivos, evitando que alguns suportem prejuízos ocorridos por ocasião ou por causa de atividades desempenhadas no interesse de todos". Não significa, portanto, que o Estado deve ser responsabilizado sempre e em qualquer caso que o dano for suportado pelo particular. Dito doutro modo, significa que a vítima fica dispensada de provar a culpa do Estado, contudo, o Poder Público poderá demonstrar a culpa total ou parcial do lesado no evento danoso, caso em que se eximirá integral ou parcialmente do dever de indenizar.

---

[23] BITTENCOURT, op. cit., p. 47.

[24] Idem, ibidem.

[25] BANDEIRA DE MELLO, op. cit., p. 890.

Para Bittencourt, toda atividade estatal tem como fundamento a possibilidade de gerar riscos aos administrados, logo, pode acarretar danos individuais ou anormais a alguns membros da sociedade.[26] É nesse aspecto que a teoria do risco administrativo funciona como uma compensação do desequilíbrio sofrido por aqueles que suportaram algum dano decorrente da atividade ou omissão do Estado Constitucional. Esclarece Medauar que, pela teoria do risco administrativo, a responsabilidade do Estado apresenta-se hoje, na maioria dos ordenamentos, como responsabilidade objetiva, não mais se invocando o dolo ou culpa do agente, o mau funcionamento ou falha da Administração.[27] Necessário se torna existir relação de causa e efeito entre ação ou omissão administrativa e o dano sofrido pela vítima. É o chamado nexo causal ou nexo de causalidade.

Nota-se, portanto, na lição de Le Torneau e Caldiet, que a relevância da responsabilidade estatal ao longo dos tempos teve uma evolução condizente com as mudanças econômicas, sociais e políticas, cuja complexidade crescente é inquestionável na sociedade contemporânea.[28] As influências advindas do sistema social acabaram por exigir que referido instituto pudesse estabelecer, com certos critérios, sua função primordial reparadora de danos, com a consequente justa compensação à vítima.

1.2. A Constituição Federal de 1988 e a responsabilidade objetiva

A regra geral da responsabilidade civil do Estado é baseada na teoria do risco administrativo, a partir do artigo 37, § 6º, da Constituição Federal, que assim dispõe: "as pessoas jurídicas de direito público e as de direito privado prestadoras de serviço público responderão pelos danos que seus agentes, nessa qualidade, causarem a terceiros, assegurado o direito de regresso contra o responsável nos casos de dolo ou culpa".

Basicamente, o texto constitucional pressupõe que a responsabilidade civil do Estado é definida como a obrigação objetiva atribuída às esferas estatais de recompor os danos causados a terceiros em razão de comportamento unilateral comissivo ou omissivo, legítimo ou ilegítimo, material ou jurídico, que lhe seja imputável.

---

[26] BITTENCOURT, op. cit., p. 49.

[27] MEDAUAR, Odete. *Direito administrativo moderno*. 8. ed. São Paulo: Saraiva, 2004, p. 430.

[28] LE TORNEAU, Phillipe; CALDIET, Loic. *Droit de la Responsabilité*. Paris: Dalloz, 1998, p. 967.

Di Pietro escreve que a responsabilidade do Estado "corresponde à obrigação de reparar danos causados a terceiros em decorrência de comportamentos comissivos ou omissivos, materiais ou jurídicos, lícitos ou ilícitos, imputáveis aos agentes públicos".[29] Para Justen Filho, a responsabilidade civil do Estado consiste no dever de indenizar as perdas e os danos materiais e morais sofridos por terceiros em virtude de ação ou omissão antijurídica imputável ao Estado.[30]

Note-se que o conceito trazido fala em ação ou omissão antijurídica imputável ao Estado. Logo, para aquele autor, somente a ação ou omissão antijurídica é que leva a responsabilidade estatal. Porém, há casos em que mesmo sendo a atividade estatal comissiva ou omissiva de forma lícita, haverá o dever de indenizar. Destarte, o Supremo Tribunal Federal, ao interpretar o dispositivo constitucional do artigo 37, § 6°, sedimentou entendimento no Recurso Extraordinário n. 456.302, julgado em 2007, de que para a configuração da responsabilidade objetiva do Estado não é necessário que o ato seja ilícito. O fundamento é o princípio da distribuição igualitária dos ônus e encargo a que estão sujeitos os administrados.

Portanto, imperioso reconhecer que o Estado responde objetivamente pelos danos causados aos cidadãos, ainda que em virtude de atividade plenamente lícita, por conta do princípio da divisão equitativa do ônus de viver em sociedade, o que sugere a justa distribuição social do encargo da atividade estatal. A responsabilidade civil não exige sempre a ocorrência de um ato ilícito para sua configuração, visto que há atos que, mesmo lícitos, causam a determinadas pessoas encargos maiores do que a outras.

A princípio, com relação aos atos ilícitos, não há necessidade de maiores digressões, na medida em que o Estado responde objetivamente pelos danos causados por seus agentes, nos termos do artigo 37, § 6°, da Constituição Federal de 1988, ensejando a responsabilidade objetiva, com a devida compensação pelo dano causado. O fundamento decorre da própria violação da legalidade. Trata-se, nesse caso, tipicamente da responsabilidade civil em sentido estrito.

Por responsabilidade civil do Estado entende-se a obrigação que o Estado possui de recompor os danos causados a terceiros em virtude de comportamento unilateral comissivo ou omissivo, legítimo ou ilegítimo, material ou jurídico, desde que imputável ao Poder Público. Obrigação que, em regra, não depende da comprovação de dolo ou

---

[29] DI PIETRO, Maria Sylvia Zanella. *Direito Administrativo*. 21. ed. São Paulo: Atlas, 2008, p. 524.
[30] JUSTEN FILHO, Marçal. A responsabilidade do Estado. In: FREITAS, Juarez (Org.). *Responsabilidade Civil do Estado*. São Paulo: Malheiros Editores, 2006, p. 227.

culpa do agente público causador do dano, já que a responsabilidade do Estado é objetiva, baseada no risco administrativo.

Três são os sujeitos que configuram a relação jurídica da responsabilidade civil, quais sejam, o Estado, o agente público e o particular lesado, em que o Estado responde civilmente por danos causados aos particulares provenientes de comportamentos comissivos ou omissivos, materiais ou jurídicos, lícitos ou ilícitos, imputáveis aos agentes públicos.[31]

A adoção da responsabilidade civil objetiva do Estado, sob a modalidade da teoria do risco administrativo, faz surgir a obrigação de indenizar pela ocorrência de lesão causada ao particular. A ideia de culpa é substituída pela de nexo de causalidade entre o funcionamento do serviço público e o prejuízo sofrido pelo administrado. É indiferente que o serviço público tenha funcionado bem ou mal, de forma regular ou irregular.

A responsabilidade do Estado é objetiva e prescinde, portanto, da comprovação de conduta culposa ou dolosa do agente público. Basta a comprovação do dano e do nexo de causalidade, a ligação entre o fato e o dano. Nesse caso, a responsabilidade do Estado encontra-se fundada na teoria do risco administrativo. O que se deve empregar na análise dos casos concretos é a teoria do risco administrativo, ou seja, com o abrandamento necessário a exigir um efetivo nexo de causalidade, observando-se que a culpa da vítima exclui, total ou parcialmente, o dever de indenizar.

Destarte, a responsabilidade civil do Estado pressupõe a coexistência de três requisitos essenciais a sua configuração, quais sejam: (i) a comprovação, pelo demandante, da ocorrência do fato ou evento danoso, bem como de sua vinculação com o serviço público prestado ou incorretamente prestado; (ii) a prova do dano por ele sofrido; e (iii)

---

[31] O dispositivo constitucional que dá guarida à responsabilidade estatal menciona os danos que os agentes causarem. Assim, por agente público entenda-se quem quer que desempenhe funções estatais, enquanto as exercita. Escreve Bandeira de Mello que "não se bipartem Estado e agente (como se fossem representado e representante, mandante e mandatário), mas, pelo contrário, são considerados como uma unidade. A relação orgânica, pois, entre o Estado e o agente não é uma relação externa, constituída exteriormente ao Estado, porém interna, ou seja, procedida na intimidade da pessoa estatal" In: BANDEIRA DE MELLO, Celso Antonio. *Direito Administrativo Brasileiro*. 15. ed. São Paulo: Malheiros, 2004, p. 932. A jurisprudência já assentou inclusive que o particular nomeado pelo Poder Público deve ser considerado agente do Estado quando exerce *munus* próprio deste, podendo ensejar a responsabilidade objetiva prevista no artigo 37, § 6º, da Constituição Federal de 1988. E mesmo que o agente público causador do dano não esteja no pleno exercício de suas atribuições, isto é, durante o serviço, poderá ensejar a responsabilização do ente estatal. O Supremo Tribunal Federal já decidiu, no Recurso Extraordinário n. 160.401/1999, que o Estado responde civilmente inclusive pelos danos praticados por agente de folga, mas que estejam atrelados a sua condição funcional.

a demonstração do nexo de causalidade entre o fato danoso e o dano sofrido.

O nexo causal é o liame que une a conduta do agente ao dano. O nexo de causalidade deixa-se de lado, para fins de ressarcimento do dano, o questionamento da licitude ou ilicitude da conduta, o questionamento do bom ou mau funcionamento da Administração. Demonstrado o nexo de causalidade, o Estado deve ressarcir. É por meio do exame da relação causal que se conclui quem foi o causador do dano. Significa dizer que ao lesado cabe apenas demonstrar que o prejuízo sofrido se originou da conduta estatal, sem qualquer consideração sobre dolo ou culpa. O nexo causal é pressuposto de fundamental importância para a atribuição de responsabilidade civil do Estado. Trata-se de elemento indispensável.[32]

O dano só pode gerar responsabilidade quando seja possível estabelecer um nexo causal entre ele e o seu autor. Para Savatier, um dano só produz responsabilidade quando tem por causa uma falta cometida ou um risco legalmente sancionado.[33] Inexistente o nexo de causalidade, afastada está a responsabilidade objetiva do Estado, como já sedimentado pela jurisprudência brasileira dos Tribunais Superiores.[34] A responsabilidade objetiva dispensa a culpa, mas nunca dispensará o nexo causal. Se a vítima que experimentou um dano não identificar o nexo causal que leva o ato danoso ao responsável, não há como ser ressarcida. Como dito, o nexo de causalidade é indispensável para configuração da responsabilidade civil do Poder Público.

---

[32] MEDAUAR, op. cit., p. 430.

[33] SAVATIER, op. cit., p. 271.

[34] A título de complementação, o Supremo Tribunal Federal, no Recurso Extraordinário n. 238.453, assim decidiu quando não há nexo de causalidade entre a ação ou a omissão do Estado e o dano: "Em face dessa fundamentação, não há que se pretender que, por haver o acórdão recorrido se referido à teoria do risco integral, tenha ofendido o disposto no artigo 37, § 6º, da Constituição que, pela doutrina dominante, acolheu a teoria do risco administrativo, que afasta a responsabilidade objetiva do Estado quando não há nexo de causalidade entre a ação ou a omissão deste e o dano, em virtude da culpa exclusiva da vítima ou da ocorrência de caso fortuito ou de força maior" (BRASIL, 2002). Já a jurisprudência do Superior Tribunal de Justiça, no REsp. 858.811, também entendeu pela ausência de nexo causal em peculiar caso de morte decorrente de bala perdida disparada por menor evadido de estabelecimento destinado ao cumprimento de medida socioeducativa: ADMINISTRATIVO. RESPONSABILIDADE CIVIL DO ESTADO. DANOS MATERIAIS E MORAIS. MORTE DECORRENTE DE "BALA PERDIDA" DISPARADA POR MENOR EVADIDO HÁ UMA SEMANA DE ESTABELECIMENTO DESTINADO AO CUMPRIMENTO DE MEDIDA SOCIOEDUCATIVA DE SEMILIBERDADE. AUSÊNCIA DE NEXO CAUSAL. No caso, não há como afirmar que a deficiência do serviço do Estado (que propiciou a evasão de menor submetido a regime de semiliberdade) tenha sido a causa direta e imediata do tiroteio entre o foragido e um seu desafeto, ocorrido oito dias depois, durante o qual foi disparada a "bala perdida" que atingiu a vítima, nem que esse tiroteio tenha sido efeito necessário da referida deficiência. Ausente o nexo causal, fica afastada a responsabilidade do Estado. Precedentes de ambas as Turmas do STF em casos análogos. Recurso improvido.

O dano ou prejuízo é o resultado da ação danosa do Estado, configurando a perda patrimonial sofrida por alguém, decorrente de fato estranho a sua vontade. O dano só pode gerar responsabilidade quando seja possível estabelecer um nexo causal entre ele e o seu autor. A responsabilidade civil das pessoas jurídicas de direito público e das pessoas jurídicas de direito privado prestadoras de serviço público, responsabilidade objetiva, com base no risco administrativo, ocorre somente diante dos seguintes requisitos: a) do dano; b) da ação administrativa; e c) desde que haja nexo causal entre o dano e a ação administrativa.[35]

Cumpre assinalar que o dano é pressuposto indispensável e somente é reparável se for certo – determinado, real, aferível e individualizado à pessoa da vítima –, tendo valor economicamente apreciável – não tem sentido indenização de valor irrisório –, além de ser oriundo de uma situação protegida pelo ordenamento jurídico – decorrente de atividade lícita: não poderia se indenizar pela destruição de uma plantação de maconha, por exemplo.[36] Exclui-se, por óbvio, o dano eventual.

O artigo 37, § 6°, da Constituição Federal de 1988 refere-se também às pessoas jurídicas de direito público e às de direito privado prestadoras de serviço público. Qualquer pessoa jurídica de direito público ou pessoa jurídica de direito privado que preste serviço público tem responsabilidade objetiva. A União, os Estados-membros, os Municípios, o Distrito Federal, bem como suas autarquias e fundações que prestem serviços públicos, responderão objetivamente pelos danos que eventualmente causarem a terceiros.

Logo, imprescindível, ainda que brevemente, trazer um conceito de serviço público para fins de responsabilidade do Estado, uma vez que, segundo Harger, o serviço público está diretamente relacionado às diferentes concepções acerca das missões a serem desempenhadas pelo Estado Constitucional.[37]

Escreve Amaral que "o conceito de "serviço público" é um conceito jurídico-positivo.[38] Serviço público é o que o ordenamento jurídico de um dado país diz que é. No Brasil, serviço público é o que o Direito Brasileiro define como tal".[39] Baratieri ensina que a Constitui-

---

[35] GONÇALVES, Carlos Roberto. *Responsabilidade Civil*. 9. ed. São Paulo: Saraiva, 2005, p. 536.

[36] GASPARINI, op. cit., p. 1050.

[37] HARGER, Marcelo. *Consórcios Públicos na Lei n. 11.107/05*. Belo Horizonte: Fórum, 2007, p. 41.

[38] DO AMARAL, Antônio Carlos Cintra. *Concessão de Serviço Público*. 2. ed. São Paulo: Malheiros, 2006, p. 17.

[39] Segundo Harger não existe uma definição específica de serviço público que tenha aplicação universal. Para o autor, cada ente estatal desenvolveu um conceito próprio, a partir de seus

ção Federal, no Brasil, é o principal ponto de convergência para construção do conceito de serviço público.[40] O texto constitucional contém um vasto rol de atribuições do Estado, apesar de não haver precisão expressa no texto da Carta Maior. O referido autor ainda aponta que nos artigos 145, inciso II, e 175, a expressão *serviço público* é mencionada em sentido apenas econômico; no artigo 198, é destinada a tratar do serviço público de saúde prestado pelo Estado; outras vezes, refere-se apenas a serviços (e. g., artigo 21) e a serviços de relevância pública (e. g., artigos 121 e 197). Baratieri adverte que, apesar dos apontamentos, a Constituição Federal não oferece, portanto, um conceito de serviço público, pois o referido termo não é utilizado com rigor técnico apropriado.[41] Para o presente estudo, importa asseverar que, no artigo 37, a expressão *serviço público* é empregada como sinônimo de Administração Pública, logo, como atribuição e atividade do Estado Constitucional.

Justen Filho define serviço público como "uma atividade pública administrativa de satisfação concreta de necessidades individuais ou transindividuais, materiais ou imateriais, vinculadas diretamente a um direito fundamental, destinada a pessoas indeterminadas e executada sob regime de Direito Público".[42] Bandeira de Mello entende que é "toda atividade de oferecimento de utilidade ou comodidade material destinada à satisfação da coletividade em geral, mas fruível singularmente pelos administrados, que o Estado assume como pertinente a seus deveres e presta por si mesmo ou por quem lhe faça as vezes, sob regime de Direito Público".[43] Aragão define serviço público como "as atividades de prestação de utilidades econômicas a indivíduos determinados, colocadas pela Constituição ou pela Lei a cargo do Estado, com ou sem reserva de titularidade, e por ele desempenhadas diretamente ou por seus delegatários, gratuita ou remuneradamente, com vistas ao bem-estar da coletividade".[44]

---

textos normativos extraídos do ordenamento jurídico, bem como a partir da evolução histórica do ordenamento. Todavia, nada impede que a construção de um conceito de serviço público no Brasil, ainda que geral, possa ser subsidiada pela construção conceitual elaborada no exterior, desde que haja compatibilidade com a Constituição Federal e o ordenamento jurídico pátrio. In: *Consórcios Públicos na Lei n. 11.107/05*. Belo Horizonte: Fórum, 2007, p. 55.

[40] BARATIERI, Noel Antônio. *Serviço Público na Constituição Federal*. Porto Alegre: Livraria do Advogado, 2014, p. 74.

[41] Idem, p. 74-75.

[42] JUSTEN FILHO, op. cit., p. 478.

[43] BANDEIRA DE MELLO, Celso Antonio. *Direito Administrativo Brasileiro*. 15. ed. São Paulo: Malheiros, 2004, p. 620.

[44] ARAGÃO, Alexandre Santos de. *Direito dos Serviços Públicos*. Rio de Janeiro: Forense, 2007, p. 126.

Feitas essas considerações acerca da conceituação de serviço público, é esclarecedor o arremate de Baratieri, para quem, em última instância, o instituto serve para satisfação da dignidade da pessoa humana e efetivação de direitos fundamentais, compreendendo "a sua natureza de prestação dirigida à coletividade, mas usufruídos, de modo singular, pelos usuários", bem como "o dever jurídico do Estado de realizá-los (obrigação de fazer), pois são vinculados diretamente à satisfação da dignidade da pessoa humana".[45] Para o autor, "a sujeição total ao regime de direito público, razão pela qual devem ser objeto de constante regulação, fiscalização e controle pelo ente estatal titular do serviço público, a fim de que o referido instituto jurídico cumpra a sua função constitucional, que consiste na satisfação dos direitos fundamentais".[46]

A existência do serviço público deverá, portanto, estar sempre vinculada ao cumprimento da sua finalidade essencial, que é a promoção constante e intensa dos direitos fundamentais. Escreve Breus que os serviços públicos cumprem função instrumental à proteção e concretização dos direitos fundamentais.[47] Ao criar um liame do conceito de serviço público à concretização de direitos fundamentais e de outros valores constitucionais, afasta-se a ideia de facultatividade na criação dos serviços públicos.

---

[45] BARATIERI, op. cit., p. 77.

[46] A Lei Federal n. 11445, de 5 de janeiro de 2007, em seu artigo 2º, deixa absolutamente clara a função dos serviços públicos de saneamento para a realização dos direitos fundamentais. São os termos do referido dispositivo legal: "Art. 2º Os serviços públicos de saneamento básico serão prestados com base nos seguintes princípios fundamentais: I – universalização do acesso; II – integralidade, compreendida como o conjunto de todas as atividades e componentes de cada um dos diversos serviços de saneamento básico, propiciando à população o acesso na conformidade de suas necessidades e maximizando a eficácia das ações e resultados; III – abastecimento de água, esgotamento sanitário, limpeza urbana e manejo dos resíduos sólidos realizados de formas adequadas à saúde pública e à proteção do meio ambiente; IV – disponibilidade, em todas as áreas urbanas, de serviços de drenagem e de manejo das águas pluviais adequados à saúde pública e à segurança da vida e do patrimônio público e privado; [...] VI – articulação com as políticas de desenvolvimento urbano e regional, de habitação, de combate à pobreza e de sua erradicação, de proteção ambiental, de promoção da saúde e outras de relevante interesse social voltadas para a melhoria da qualidade de vida, para as quais o saneamento básico seja fator determinante; VII – eficiência e sustentabilidade econômica; VIII – utilização de tecnologias apropriadas, considerando a capacidade de pagamento dos usuários e a adoção de soluções graduais e progressivas; IX – transparência das ações, baseada em sistemas de informações e processos decisórios institucionalizados; X – controle social; XI – segurança, qualidade e regularidade; XII – integração das infraestruturas e serviços com a gestão eficiente dos recursos hídricos; XIII – adoção de medidas de fomento à moderação do consumo de água". In: BARATIERI, Noel Antônio. *Serviço Público na Constituição Federal*. Porto Alegre: Livraria do Advogado, 2014, p. 113.

[47] BREUS, Thiago Lima. Da Prestação de Serviços à Concretização de Direitos: O Papel do Estado na Efetivação do Mínimo Existencial. In: COSTALDELLO, Angela Cassia (coord.). *Serviço Público – Direitos Fundamentais, Formas Organizacionais e Cidadania*. Curitiba: Juruá, 2007, p. 263.

Nesse viés, o Estado Constitucional tem o dever de perseguir a realização da dignidade humana e dos direitos fundamentais.[48] Ocorrendo um dano advindo da atividade estatal na prestação dos serviços públicos, caberá a responsabilidade objetiva do Estado, com o consequente dever de indenizar, nos termos do artigo 37, § 6°, da Constituição Federal de 1988. A respeito, já decidiu o Supremo Tribunal Federal, no Recurso Extraordinário n. 327904, que o referido dispositivo autoriza a proposição de que somente as pessoas jurídicas de direito público, ou as pessoas jurídicas de direito privado que prestem serviços públicos, é que poderão responder, objetivamente, pela reparação de danos a terceiros. Isso por ato ou omissão dos respectivos agentes, agindo estes na qualidade de agentes públicos, e não como pessoas comuns. A referida decisão destaca que esse mesmo dispositivo constitucional consagra ainda dupla garantia: uma em favor do particular, possibilitando-lhe ação indenizatória contra a pessoa jurídica de direito público, ou de direito privado que preste serviço público, dado que bem maior, praticamente certa, a possibilidade de pagamento do dano objetivamente sofrido; outra garantia, no entanto, em prol do servidor estatal, que somente responde administrativa e civilmente perante a pessoa jurídica a cujo quadro funcional se vincular.

Já para entidades privadas prestadoras de serviços públicos, ocorre a responsabilidade objetiva quando o dano suportado pelo particular estiver relacionado a sua atividade ou ao serviço prestado. Exsurge, portanto, desse entendimento que em relação aos atos internos das empresas concessionárias ou permissionárias que não tenham relação com o serviço público prestado, mas que causem danos aos particulares, cabe a responsabilização, mas não com base na teoria do risco administrativo a partir da responsabilidade objetiva. Responderão, nesses casos, com base na responsabilidade subjetiva regulada pelo Código Civil.[49]

Especificadamente, com relação às concessionárias de serviço público, a ideia de responsabilidade objetiva vem respaldada também na Lei Federal n. 8987/1995, que dispõe sobre o regime de concessão e permissão da prestação de serviços públicos, nos termos do artigo 175 da Constituição Federal de 1988.[50] O artigo 25 da referida lei prevê que

---

[48] PEREIRA, Cesar A. Guimarães. *Usuários de Serviços Públicos*. 2. ed., rev. e amp. São Paulo: Saraiva, 2008, p. 273.

[49] BACELLAR FILHO, Romeu Felipe. *Direito Administrativo*. São Paulo: Saraiva, 2005, p. 197.

[50] Os serviços públicos concedidos à iniciativa privada não perdem a sua natureza pública. Ela é incumbida apenas da prestação de serviço adequado e eficiente aos usuários. Escreve Moreira que "a concessão comum de serviço público é relação jurídica administrativa típica, unitária e complexa, por meio da qual o Poder Público transfere a execução de determinado serviço público

incumbe à concessionária a execução do serviço concedido, cabendo-lhe responder por todos os prejuízos causados ao poder concedente, aos usuários ou a terceiros, sem que a fiscalização exercida pelo órgão competente exclua ou atenue essa responsabilidade. E o § 3° do citado artigo prevê que a execução das atividades contratadas com terceiros pressupõe o cumprimento das normas regulamentares da modalidade do serviço concedido. Portanto, a responsabilidade, nesses casos, é objetiva e vem reforçada pelo referido texto legal, cabendo ainda a responsabilidade subsidiária do poder concedente de serviço público.

Denota-se ainda que o artigo 37, § 6°, da Constituição Federal de 1988 excluiu as pessoas jurídicas de direito privado que exploram atividade econômica de responsabilidade objetiva. Logo, aquelas pessoas jurídicas referidas no artigo 173, § 1°, inciso II, da Carta Magna ficam sujeitas ao regime das empresas privadas quanto aos direitos e obrigações civis, excluindo sua responsabilidade objetiva. Empresas públicas e sociedades de economia mista, quando estiverem no desempenho de quaisquer atividades econômicas e causarem danos a terceiros, ficam excluídas do regime da responsabilidade objetiva previsto no artigo 37, § 6°, da Constituição Federal de 1988, uma vez que responderão a partir das regras estatuídas no direito privado, mediante a comprovação do dano e da culpa.

Quanto aos serviços sociais autônomos, como são entidades paraestatais e atuam em colaboração com o Poder Público, não fazendo parte deste, por óbvio estão excluídos do rol previsto no referido artigo, não respondendo objetivamente por eventuais danos causados a terceiros. O mesmo não acontece com as agências reguladoras, que são autarquias em regime especial incumbidas de funções regulatórias e não fazem parte da Administração. Em sendo parte da Administração Pública, respondem objetivamente pelos danos suportados pelos particulares.

Há ainda questões acerca do alcance do artigo 37, § 6°, da Constituição Federal de 1988 para fins de responsabilidade objetiva em relação aos terceiros não usuários de serviço público prestado por pessoas jurídicas de direito privado prestadoras de serviço público. Em 2004, no julgamento do Recurso Extraordinário n. 302.622, o Supremo Tribunal Federal decidiu que não cabia a responsabilidade objetiva de concessionária de serviço público em relação a sinistro envolvendo um terceiro não usuário. A fundamentação foi de que não poderia

---

ao particular selecionado em prévia licitação, que assumirá, por prazo certo e por sua conta e risco, a gestão de projeto concessionário autossustentável" In: MOREIRA, Egon Bockmann. *Direito das Concessões de Serviço Público – Inteligência da Lei 8.987/1995 (Parte Geral)*. São Paulo: Malheiros, 2010, p. 89.

se dar tratamento igual aos usuários e não usuários do serviço público. Posteriormente, o Supremo mudou seu entendimento e definiu que há responsabilidade civil objetiva – dever de indenizar danos causados independente de culpa – das empresas que prestam serviço público mesmo em relação a terceiros, ou seja, a não usuários. A maioria dos ministros negou provimento ao Recurso Extraordinário n. 591.874, interposto por concessionária de serviço público. Para a maioria dos ministros, a palavra "terceiros" contida no artigo 37, § 6°, da Constituição Federal de 1988 também alcança pessoas que não se utilizam do serviço público.

O fato é que atualmente o alcance da expressão *serviço público*, nos termos do artigo 37, § 6°, da Constituição Federal de 1988, não fica restrito apenas aos usuários de serviço público prestado por concessionária ou permissionária, ensejando, caso haja dano suportado, o dever de indenizar com base na teoria do risco administrativo, que prevê a responsabilidade objetiva.

1.3. Regime geral da responsabilidade civil do Estado

A responsabilidade civil do Estado é também referida na doutrina a partir das expressões "responsabilidade patrimonial do Estado", "responsabilidade civil da Administração Pública", ou ainda "responsabilidade extracontratual do Estado".

A propósito, Bacellar Filho justifica que a expressão *responsabilidade civil do Estado* induz a que o instituto é regido pelo Código Civil, quando, na verdade, a incidência deste Código é meramente subsidiária.[51] Entretanto, a palavra "civil" não significa regulada pelo direito privado, mas que o Estado deve satisfazer a reparação econômica e patrimonial causada a terceiros, como ocorre no direito privado. Há menção à expressão "responsabilidade da Administração Pública", contudo, a responsabilidade pode advir de atos legislativos e/ou judiciais, e não somente de atos e fatos administrativos, como aquela nomenclatura parece induzir.[52]

Assim, independente do termo ou nomenclatura utilizada, restam afastadas as esferas da responsabilidade contratual e da criminal, já que a responsabilidade é do Estado, que possui personalidade jurídica, e decorre das funções administrativa, legislativa e judicial, ainda que excepcionalmente. Portanto, a responsabilidade civil do Estado

---

[51] BACELLAR FILHO, op. cit., p. 295.
[52] GASPARINI, op. cit., p. 1042.

não fica adstrita apenas ao âmbito da Administração Pública, podendo se espraiar até o campo dos atos legislativos e jurisdicionais.

O regime geral da responsabilidade estatal apresenta, portanto, alguns pontos essenciais e de certa complexidade e divergência que merecem registro. Não é à toa que emanam posicionamentos específicos, oriundos do texto constitucional, acerca da responsabilidade do Estado por atos judiciais e legislativos e por danos ambientais. Da mesma forma, as teses defensivas do ente estatal a partir do posicionamento acerca da prescrição e do direito de regresso, bem como das excludentes de responsabilidade e da denunciação à lide, são essenciais para compreensão sistemática do tema.

No que concerne especificadamente à atividade legiferante do Estado, há entendimento consolidado no sentido de que o Estado não responde por atos legislativos, porquanto há o exercício soberano do poder de legislar, bem como a lei é norma de caráter geral (generalidade) e impessoal (impessoalidade), não sendo suscetível de causar dano a indivíduo determinado, pois é editada para beneficiar todos.[53]

Entretanto, há que se reconhecer a possibilidade de responsabilidade do Estado pelos danos causados em virtude de ato praticado com fundamento em lei declarada inconstitucional, ou ainda nos casos de leis defeituosas, que trazem danos concretos aos cidadãos. Nesse sentido, cabe a responsabilidade civil do Estado pelo desempenho inconstitucional da função de legislar. Típico exemplo pode ser referido a partir da Lei n. 8024/1990, que instituiu o chamado Plano Collor, com retenção dos ativos financeiros. Inclusive, o Supremo Tribunal Federal já se manifestou nesse diapasão, no Recurso Extraordinário n. 153.464, julgado em setembro de 1992, constando o seguinte trecho na sua ementa: "O Estado responde civilmente por danos causados aos particulares pelo desempenho inconstitucional da função de legislar".

Genericamente, a edição de uma lei constitui-se num ato de soberania. E sendo a lei geral, abstrata, impessoal e objetiva, não direcionada individualmente a alguém, em tese, não geraria o dever de indenizar. Contudo, na visão de Justen Filho, essa concepção merece reparos.[54] "Há pelo menos três hipóteses em que caberá a responsabilização civil do Estado, que são a edição de lei inconstitucional, a edição de lei materialmente defeituosa e a responsabilização civil por omissão legislativa". Cogita-se inclusive a responsabilidade do Estado por ato legislativo típico, quando causa dano a uma categoria de

---

[53] MOREIRA NETO, Diogo de Figueiredo. *Curso de Direito Administrativo*. 13. ed. Rio de Janeiro: Forense, 2003, p. 580.

[54] JUSTEN FILHO, op. cit., p. 1262.

pessoas, porque, no tocante ao dano, deixou de ter o caráter de ato geral e impessoal.⁵⁵

Poder-se-ia problematizar também acerca da possibilidade de responsabilidade civil do Estado por conta de omissão legislativa, nos eventuais casos em que a Constituição estabelece o dever do Estado de exercer suas competências legislativas. Ocorre quando a omissão equivale a uma infração à ordem jurídica, remanescendo o dever de indenizar os danos decorrentes da omissão legislativa.⁵⁶

Já nos casos de responsabilidade estatal por danos decorrentes da atividade jurisdicional, há sedimentada jurisprudência do Supremo Tribunal Federal em não se aplicar a responsabilidade do Estado por danos oriundos de atos judiciais típicos. A regra geral é a irresponsabilidade civil do Estado. Segundo a orientação da Suprema Corte, o princípio da responsabilidade objetiva não se aplica aos atos do Poder Judiciário, salvo nos casos expressamente declarados em lei, como o erro judiciário e a prisão além do tempo devido.⁵⁷

---

⁵⁵ MEDAUAR, op. cit., p. 443.

⁵⁶ O Supremo Tribunal Federal analisou, nessa linha, julgamento de recurso extraordinário em que servidores públicos federais, sob a alegação de ofensa ao artigo 37, inciso X, da Constituição Federal de 1988, com a redação dada pela EC n. 19/1998, pretendiam obter indenização do Estado em virtude de não haverem sido contemplados com a revisão geral anual, instituída por aquela Emenda, no período compreendido entre o seu advento e o termo inicial da vigência da Lei n. 10331/2001, que estabeleceu a mencionada revisão ao funcionalismo público. Muito embora desprovido o recurso ao fundamento de que os requisitos necessários à caracterização da responsabilidade civil do Estado por omissão legislativa não estariam presentes, foi salientado haver necessidade de se refletir se o reconhecimento da mora legislativa se tornaria ineficaz para efeito da responsabilidade civil. Vencido na oportunidade o Ministro Carlos Velloso, relator, que provia o extraordinário por considerar inequívoco o dever de indenizar do Estado (RE n. 424584/MG, rel. orig. Min. Carlos Velloso, red. para o acórdão Min. Joaquim Barbosa, 17.11.2009).

⁵⁷ Assim vem decidindo o Supremo Tribunal Federal: ERRO JUDICIÁRIO. RESPONSABILIDADE CIVIL OBJETIVA DO ESTADO. DIREITO À INDENIZAÇÃO POR DANOS MORAIS DECORRENTES DE CONDENAÇÃO DESCONSTITUÍDA EM REVISÃO CRIMINAL E DE PRISÃO PREVENTIVA. CF, art. 5º, LXXV. C. Pr. Penal, art. 630. 1. O direito à indenização da vítima de erro judiciário e daquela presa além do tempo devido, previsto no art. 5º, LXXV, da Constituição, já era previsto no art. 630 do C. Pr. Penal, com a exceção do caso de ação penal privada e só uma hipótese de exoneração, quando para a condenação tivesse contribuído o próprio réu. 2. A regra constitucional não veio para aditar pressupostos subjetivos à regra geral da responsabilidade fundada no risco administrativo, conforme o art. 37, § 6º, da Lei Fundamental: a partir do entendimento consolidado de que a regra geral é a irresponsabilidade civil do Estado por atos de jurisdição, estabelece que, naqueles casos, a indenização é uma garantia individual e, manifestamente, não a submete à exigência de dolo ou culpa do magistrado. 3. O art. 5º, LXXV, da Constituição: é uma garantia, um mínimo, que nem impede a lei, nem impede eventuais construções doutrinárias que venham a reconhecer a responsabilidade do Estado em hipóteses que não a de erro judiciário stricto sensu, mas de evidente falta objetiva do serviço público da Justiça. (RE 505393 / PE, Rel. Min. Sepúlveda Pertence. Julgamento: 26/06/2007). No mesmo sentido: O princípio da responsabilidade objetiva do Estado não se aplica aos atos do Poder Judiciário, salvo nos casos expressamente declarados em lei (STF, RE n. 219.117, Rel. Min. Ilmar Galvão, DJ 29-10-1999).

Segundo Medauar, somente há responsabilidade civil do Estado nos casos de erro na condenação em sede de juízo criminal.[58] Diz a autora que somente vem sendo aceita a responsabilidade civil do Estado por erro judiciário de natureza criminal em virtude do artigo 630 do Código de Processo Penal: "O direito à reparação por erro judiciário[59] (criminal) independe de revisão da sentença (art. 5º, LXXV, da CF/88). O preceito não vincula o direito à indenização à revisão da sentença". A regra seria da irresponsabilidade do Estado pelos atos jurisdicionais praticados pelo juiz na sua função típica, que é dizer o Direito quando profere uma sentença.

Todavia, atualmente, impende reconhecer a amplitude da responsabilidade do Estado nos casos de prejuízos e danos causados por atos jurisdicionais. Escreve Figueiredo que, "mesmo difícil sua aferição, será possível a responsabilização do Estado por prestação jurisdicional a destempo e denegatória da justiça, bem como por decisões totalmente desconcertadas de *standarts* mínimos de razoabilidade".[60] No ponto, ressalta Di Pietro que é lamentável a resistência jurisprudencial em considerar a responsabilidade do Estado por atos jurisdicionais, porquanto "podem existir erros flagrantes não só em decisões criminais, em relação às quais a Constituição adotou a tese da responsabilidade, como também nas áreas cível e trabalhista".[61] Ainda segundo a autora, "pode até ocorrer o caso em que o juiz tenha decidido com dolo ou culpa; não haveria como afastar a responsabilidade do Estado. Mas, mesmo em caso de inexistência de culpa ou dolo, poderia incidir essa responsabilidade, se comprovado o erro da decisão".

Escreve Pondé que ninguém pode hoje acobertar os atos jurisdicionais sob o manto da imunidade, sob o mero argumento de serem expressão de soberania, já que o Judiciário não é um superpoder colo-

---

[58] MEDAUAR, op. cit., p. 442.

[59] Dias escreve que na França, a mudança legislativa por conta de erro judiciário no seu *Code de Procedure Penal (Código de Processo Penal)*, alterando o texto normativo do artigo 446, efetivada por Lei de 8 de junho de 1895, teve sua marca histórica e gênese em rumorosos escândalos judiciários, entre os quais sobressaiu o célebre caso *Dreyfus*, de grande repercussão pública na época, projetando-se para o campo internacional. O jovem capitão Alfred Dreyfus, vítima de erro judiciário, embora sempre sustentasse sua inocência, em 1884, foi acusado de crime de espionagem a favor da Alemanha (revelação de segredos e informações militares), o que resultou perda da patente militar, degradação e condenação à prisão perpétua, sedo deportado para a ilha do Diabo, na Guiana Francesa, em 1894. Tendo-lhe sido negado o primeiro recurso de revisão, posteriormente veio a ser declarado inocente, reabilitado, indultado e indenizado, após descoberto o verdadeiro traidor e demonstrada a falsificação de documentos nos quais se fundamentou a sentença condenatória. In: DIAS, Ronaldo Brêtas de Carvalho. *Responsabilidade do estado pela função jurisdicional*. Belo Horizonte: Del Rey, 2004, p. 184.

[60] FIGUEIREDO, Lucia Valle. *Curso de Direito Administrativo*. 5. ed. São Paulo: Malheiros, 2001, p. 281.

[61] DI PIETRO, op. cit., p. 353.

cado sobre o Legislativo e o Executivo.⁶² Canotilho também tem se posicionado que, "além da responsabilidade da administração, a norma constitucional está aberta à responsabilidade por facto das leis (responsabilidade do Estado-legislador) e à responsabilidade por facto da função jurisdicional (responsabilidade do Estado-juiz)".⁶³ Para ele, "a Constituição consagra expressamente o dever de indenização nos casos de privação inconstitucional ou ilegal da liberdade (CRP, art. 27) e nos casos de erro judiciário (CPR, art. 29), mas a responsabilidade do Estado-juiz pode e deve estender-se a outros casos de culpa grave de que resultem danos de especial gravidade".

Muito embora o próprio Supremo Tribunal Federal venha resistindo à tese da responsabilidade do Estado nos casos de danos decorrentes de atos judiciais, a Suprema Corte já decidiu, inclusive, possuir a Fazenda Pública legitimidade para figurar no polo passivo da lide indenizatória fundamentada em danos causados por atuação de magistrado, o que mostra certa tendência em superar a posição atual.⁶⁴

Ademais, a própria Constituição Federal de 1988, em seu artigo 5°, inciso LXXV, prevê que "o Estado indenizará o condenado por erro judiciário, assim como o que ficar preso além do tempo fixado na sentença". Nesse sentido, a responsabilidade civil do Estado por atos jurisdicionais não deve alcançar apenas os casos de erro judiciário, restritos à esfera criminal, devendo ser reconhecida em todos os casos de mau funcionamento do aparato jurisdicional, desde que traga prejuízos aos cidadãos. Essa tese vem reforçada a partir da Emenda Constitucional n. 45/2004, que acrescentou ao rol de direitos fundamentais do artigo 5° da Carta Magna o inciso LXXVIII, que garante

---

⁶² PONDÉ, Lafayette. *Estudos de Direito Administrativo*. Belo Horizonte: Del Rey, 1995, p. 315.

⁶³ CANOTILHO, José Joaquim Gomes. *Direito Constitucional e Teoria da Constituição*. 3. ed. Coimbra: Almedina, 1999, p. 776.

⁶⁴ A propósito, assim decidiu o Supremo Tribunal Federal: "A autoridade judiciária não tem responsabilidade civil pelos atos jurisdicionais praticados. Os magistrados enquadram-se na espécie agente político, investidos para o exercício de atribuições constitucionais, sendo dotados de plena liberdade funcional no desempenho de suas funções, com prerrogativas próprias e legislação específica. Ação que deveria ter sido ajuizada contra a Fazenda Estadual – responsável eventual pelos alegados danos causados pela autoridade judicial, ao exercer suas atribuições –, a qual, posteriormente, terá assegurado o direito de regresso contra o magistrado responsável, nas hipóteses de dolo ou culpa. Legitimidade passiva reservada ao Estado. Ausência de responsabilidade concorrente em face dos eventuais prejuízos causados a terceiros pela autoridade julgadora no exercício de suas funções, a teor do art. 37, § 6°, da CF/88" (RE n. 228.977, Rel. Min. Néri da Silveira, DJ 12-4-2002). No julgamento do referido recurso, o então à época relator deste chegou a ratificar textualmente a responsabilidade objetiva por danos decorrentes de atos judiciais: "Pelos prejuízos que os atos judiciais, quer jurisdicionais, quer não jurisdicionais, causem ao administrado, responderá o Estado, quer se prove a culpa ou o dolo do magistrado, quer os danos sejam ocasionados pelo serviço da administração da justiça, que é, primordialmente, um serviço público do Estado. Se há uma culpa ou dolo do julgador, o Estado responde pelos prejuízos causados, exercendo depois o direito de regresso contra o causador do dano".

que "a todos, no âmbito judicial e administrativo, são assegurados a razoável duração do processo e os meios que garantam a celeridade de sua tramitação".

Outro ponto que merece referência acerca do regime geral da responsabilidade civil do Estado diz respeito à responsabilização estatal por danos ambientais. O artigo 225 da Constituição Federal de 1988 prescreve que todos têm direito ao meio ambiente ecologicamente equilibrado, bem de uso comum do povo e essencial à sadia qualidade de vida, impondo-se ao Poder Público e à coletividade o dever de defendê-lo e preservá-lo para as presentes e futuras gerações. O dispositivo constitucional ainda assevera que as condutas e atividades consideradas lesivas ao meio ambiente sujeitarão os infratores, pessoas físicas ou jurídicas, a sanções penais e administrativas, independentemente da obrigação de reparar os danos causados. Verifica-se que a Carta Magna responsabiliza, civil, penal e criminalmente, quem causar condutas lesivas ao meio ambiente, sejam pessoas físicas ou jurídicas.[65]

No âmbito da responsabilidade civil, vigora também a Lei de Política Nacional do Meio Ambiente – Lei n. 6.938/1981, cujo artigo 14, § 1º, dispõe que, sem obstar a aplicação das penalidades previstas, é o poluidor obrigado, independentemente da existência de culpa, a indenizar ou reparar os danos causados ao meio ambiente e a terceiros afetados por sua atividade.[66] Nesses casos, a referida legislação prevê que o Ministério Público da União e dos Estados terá legitimidade para propor ação de responsabilidade civil e criminal por danos causados ao meio ambiente. Vislumbra-se, sem maiores indagações, que a responsabilidade civil por danos ambientais independe de culpa,

---

[65] Em estudo periférico, Bertoldi e Freitas discorrem sobre a possibilidade também de reparação civil objetiva por danos morais em matéria ambiental. A dificuldade na aceitação jurídica da responsabilização por dano moral ambiental, especialmente no âmbito objetivo, repousa no fato de que, até recentemente, o dano extrapatrimonial estava vinculado aos direitos individuais da pessoa física, ou seja, à dor em sentido estrito. E isso muito embora o dano extrapatrimonial da pessoa jurídica encontre pleno reconhecimento no ordenamento jurídico pátrio – a Súmula n. 227 do STJ reza que "[...] a pessoa jurídica pode sofrer dano moral". Para a configuração do dano extrapatrimonial da pessoa jurídica, há necessidade de um pressuposto reconhecido na atualidade, segundo o qual os valores extrapatrimoniais ou morais não se encontram confinados nos limites da dor, do sofrimento, da angústia, considerando tratar-se de elementos próprios do ser humano, pessoa física. Se a personalidade jurídica pode ser suscetível de dano extrapatrimonial, por que a personalidade, em sua acepção difusa, não seria? Não se pode negar que a dor referida ao dano moral ambiental é predominantemente objetiva. In: BERTOLDI, Márcia Rodrigues; FREITAS, Carla Pinheiro. *A hermenêutica ambiental e a responsabilização pelo dano moral ambiental objetivo*. Espaço Jurídico: Journal of Law. Editora Unoesc: Joaçaba, v. 16, n. 2, p. 441-456, jul./dez. 2015, p. 452.

[66] SARAIVA NETO, Pery. *A prova na jurisdição ambiental*. Porto Alegre: Livraria do Advogado, 2010, p. 29.

ou seja, comporta a teoria da responsabilidade objetiva para o agente causador do dano, tanto por ação quanto por omissão.

Destarte, para inferir se as pessoas jurídicas de direito público podem ser responsabilizadas por danos ambientais, deixa sem dúvidas o inciso IV do artigo 3º da Lei n. 6.938/1981, que inclui como poluidor, em seu rol, as pessoas jurídicas de direito público. Sem adentrar divergências doutrinárias que pressupõem a existência de qual tipo de responsabilidade objetiva na ocorrência de dano ambiental, basicamente existem duas teorias: a do risco integral e a do risco mitigado. Na lição de Zockun, aquele que, por ação ou omissão, vier a causar danos ao meio ambiente "deverá responder objetivamente, nos termos propugnados pela teoria do risco integral, pelos danos causados, salvo se ocorrer força maior, caso em que, aplicada a teoria do risco mitigado, haverá ausência de responsabilidade".[67]

Questão intrincada e de deslinde prático é acerca da responsabilidade do Estado na omissão da fiscalização ambiental, em que se considera que não se aplica o artigo 14, § 1º, e o artigo 3º, inciso IV, ambos da Lei n. 6.938/1981, necessitando, portanto, da comprovação do elemento "culpa", ou seja, subjetivamente, por conta da interpretação do comando constitucional do artigo 37, § 6º, da Constituição Federal de 1988, invocando a tese da responsabilidade subjetiva nos atos omissivos.[68] Contudo, a jurisprudência vem oscilando nesse sentido, atestando ora a responsabilidade objetiva, ora a responsabilidade subjetiva nos casos comprovados de omissão estatal no dever de fiscalizar.[69]

---

[67] ZOCKUN, Carolina Zancaner. Da Responsabilidade do Estado na Omissão da Fiscalização Ambiental. In: FREITAS, Juarez (Org.). *Responsabilidade Civil do Estado*. São Paulo: Malheiros Editores, 2006, p. 86.

[68] ZOCKUN, op. cit., p. 87.

[69] Acerca do tema, a 2ª Turma do Superior Tribunal de Justiça já decidiu pela responsabilidade objetiva: "AÇÃO CIVIL PÚBLICA. DANO CAUSADO AO MEIO AMBIENTE. LEGITIMIDADE PASSIVA DO ENTE ESTATAL. RESPONSABILIDADE OBJETIVA. RESPONSÁVEL DIRETO E INDIRETO. SOLIDARIEDADE. LITISCONSÓRCIO FACULTATIVO. ART. 267, IV, DO CPC. PREQUESTIONAMENTO. AUSÊNCIA. SÚMULAS 282 E 356 DO STF. [...] Independentemente da existência de culpa, o poluidor, ainda que indireto (Estado-recorrente) (art. 3º da Lei nº 6.938/81), é obrigado a indenizar e reparar o dano causado ao meio ambiente (responsabilidade objetiva). 6. Fixada a legitimidade passiva do ente recorrente, eis que preenchidos os requisitos para a configuração da responsabilidade civil (ação ou omissão, nexo de causalidade e dano), ressalta-se, também, que tal responsabilidade (objetiva) é solidária, o que legitima a inclusão das três esferas de poder no pólo passivo na demanda, conforme realizado pelo Ministério Público (litisconsórcio facultativo). Recurso especial conhecido em parte e improvido" (STJ, REsp n. 604725/PR, Segunda Turma. Rel. Min. Castro Meira). Porém a mesma 2ª Turma, no Recurso Especial n. 647.493, oriundo do Estado de Santa Catarina, decidiu que a responsabilidade estatal no caso de omissão é subjetiva, necessitando da comprovação da culpa: "RECURSO ESPECIAL. AÇÃO CIVIL PÚBLICA. POLUIÇÃO AMBIENTAL. EMPRESAS MINERADORAS. CARVÃO MINERAL. ESTADO DE SANTA CATARINA. REPARAÇÃO. RESPONSABILIDADE DO ESTADO POR OMISSÃO. RESPONSABILIDADE SOLIDÁRIA. RESPONSABILIDADE SUBSIDIÁRIA. A responsabilidade civil do Estado por omissão é subjetiva, mesmo em se tratando

Logo, se ineficiente o Poder Público em exercer seu mister imposto pela Constituição, atraiu o risco pela sua inércia, tornando-se responsável pela "falta de serviço", que tanto pode se consubstanciar na ausência de funcionamento ou, ainda, na atividade desqualificada, quiçá extemporânea, traduzida na ineficiência do serviço fiscalizatório. Tratando-se de omissão na fiscalização ambiental, compete ao Poder Público o dever de fiscalizar, utilizando-se do poder de polícia administrativa.[70] Complementa Machado que para compelir o Estado a ser prudente e cuidadoso no "vigiar, orientar e ordenar a saúde ambiental nos casos em que haja prejuízo para as pessoas, para a propriedade ou para os recursos naturais mesmo com a observância dos padrões oficiais, o Poder Público deve responder solidariamente com o particular".[71] Portanto, se a Administração Pública se mostra inerte ou ao menos não agiu de forma eficaz na obrigação de fiscalizar, possibilitando ao administrado causar lesão ambiental, responde então de forma solidária se não foi a causadora direta do dano.

Ainda no que concerne ao regime geral da responsabilidade civil, as excludentes de responsabilidade se constituem de extrema relevância, porquanto existem circunstâncias capazes de excluir a responsabilidade estatal. Isso, por exemplo, faz toda diferença no modelo de responsabilidade objetiva fundada no risco administrativo atualmente adotado do modelo baseado no risco integral – que no sistema jurídico brasileiro somente é possível nos casos de expressa previsão legal, quando não são aceitas as circunstâncias excludentes –, cujas matérias compõem eventualmente a tese defensiva nas ações indenizatórias promovidas contra o Estado.

As excludentes da responsabilidade civil do Estado tradicionalmente reconhecidas são culpa exclusiva da vítima, caso fortuito e força maior. Atuam as excludentes sobre o nexo de causalidade, uma vez que, caracterizada a excludente de responsabilidade, ocorre a quebra do nexo causal, sobretudo porque tais circunstancias não atuam sobre a responsabilidade diretamente, mas sim sobre um de seus elementos.

---

de responsabilidade por dano ao meio ambiente, uma vez que a ilicitude no comportamento omissivo é aferida sob a perspectiva de que deveria o Estado ter agido conforme estabelece a lei" (STJ, REsp n. 647.493 – SC, Min. Rel. João Otávio de Noronha, 22-5-2007).

[70] Bandeira de Mello (2004, p. 795) define a polícia administrativa como a "atividade da Administração Pública, expressa em atos normativos ou concretos, de condicionar, com fundamento em sua supremacia geral e na forma da lei, a liberdade e a propriedade dos indivíduos, mediante ação ora fiscalizadora, ora preventiva, ora repressiva, impondo coercitivamente aos particulares um dever de abstenção ('non facere') a fim de conformar-lhes os comportamentos aos interesses sociais consagrados no sistema normativo".

[71] MACHADO, Paulo Affonso Leme. *Direito Ambiental Brasileiro*. 12. ed. São Paulo: Malheiros Editores, 2004, p. 332.

Assim, compete ao ente estatal a comprovação de alguma excludente do dever de reparação do dano para eximir-se da responsabilidade.

A culpa exclusiva da vítima decorre da situação em que ela é a causadora direta do dano que eventualmente envolveu o Poder Público. O ente estatal não terá a obrigação de reparar o dano sofrido se a conduta danosa for exclusiva da vítima. Logo, se foi a vítima quem deu causa ao dano, logicamente o Estado não será o responsável pelo evento danoso. Nesse caso, há uma ausência de conduta do Estado que gerou efetivamente dano passível de reparação. Ocorre, pois, a quebra do nexo de causalidade, o que acaba por excluir a responsabilidade do Estado. Exemplo clássico é o suicida que, de inopino, lança-se sobre a via pública, impossibilitando ao veículo atropelador (pertencente ao Poder Público) de evitar o resultado danoso.[72] Outro exemplo clássico é o de um motorista que, ao dirigir embriagado, passa no sinal vermelho e acaba por colidir com um veículo de propriedade do Poder Público.

Note que muito embora haja relação de causalidade do dano com o veículo do Estado, este não foi o causador do dano, gerado por uma ação da vítima, que deu causa ao sinistro. Ocorreu, como dito, a quebra do nexo de causalidade por culpa exclusiva da vítima. Todavia, se houver possiblidade de ação ou omissão na atuação do Estado, por seus agentes, em evitar o dano, não há como prosperar a tese defensiva. Portanto, a responsabilidade civil das pessoas jurídicas de direito público e das pessoas jurídicas de direito privado prestadoras de serviço público, responsabilidade objetiva, com base no risco administrativo, admite pesquisa em torno da culpa da vítima, para o fim de abrandá-la ou mesmo excluí-la.

Nos casos em que a vítima contribui apenas de forma parcial para o evento danoso, há que se manter a responsabilidade do Estado, muito embora seja necessário limitar seu dever de indenizar aos exatos contornos de sua responsabilidade, consoante previsão do artigo 945 do Código Civil. O dano, nesse caso, foi gerado pela ação da vítima, mas também do agente estatal, logo, haverá uma responsabilização proporcional na medida das suas culpas, tanto da vítima, quanto do Poder Público.

Já nas excludentes de responsabilidade a partir de caso fortuito ou força maior, apesar de não haver um consenso sobre a definição de

---

[72] SANTOS, Rodrigo Valgas dos. Nexo Causal e Excludentes da Responsabilidade Extracontratual do Estado. In: FREITAS, Juarez (Org.). *Responsabilidade Civil do Estado*. São Paulo: Malheiros, 2006, p. 295.

um e outro, interessante é a distinção proposta por Cavalieri Filho.[73] Para o autor, "caso fortuito quando se tratar de evento imprevisível e, por isso, inevitável". Se o evento "for inevitável, ainda que previsível por se tratar de fato superior às forças do agente, como normalmente são os fatos da natureza, como tempestades, enchentes etc., estaremos em face de força maior". Há autores, como Gasparini, que colocam o caso fortuito como fatos da natureza (por exemplo, tufão, nevasca) e a força maior como fatos decorrentes de eventos humanos (por exemplo, greve ou grave perturbação da ordem).[74] Todavia, impende ressaltar que tanto o caso fortuito como a força maior são dotados das características de imprevisibilidade e inevitabilidade. É imprescindível que, para aplicação de tais excludentes, reste comprovado que não havia como o Estado reparar ou minimizar o evento danoso para a vítima. As causas mais comuns de aplicação de tais excludentes se dão em casos de inundações, terremotos, tempestades, vendavais, raios, nevascas, chuvas de granizo. Tais excludentes são motivos ensejadores de exclusão da responsabilidade do Estado, apesar de aparentemente ser o autor do dano.

Agora, mesmo nos casos em que aparentemente for suscitada a tese das excludentes a partir do caso fortuito ou força maior, se houver um dever jurídico de atuação do Poder Público no sentido de prevenir tais casos, cabe a responsabilização estatal. Geralmente isso tem ocorrência quando ocorre omissão do Poder Público em prevenir tais fatos, como limpeza de bueiros e dutos de escoação de esgoto, conservação das vias públicas, contenção de barreiras e encostas, proibição de construções irregulares, dentre outros. Há casos ainda em que rotineiramente ocorrem alagamentos e danos aos particulares em função de chuvas em determinadas épocas do ano. Nessas situações, apesar de o Estado não ter dado causa ao evento danoso, ele se omitiu em prevenir tais eventos, até mesmo pela previsibilidade de tais ocorrências, o que por certo pode gerar o dever de indenizar.

Há ainda outras situações que, embora aparentemente possam eximir o Estado de responsabilidade, geram ainda o dever de reparar o dano, como nos casos de falta de fiscalização em hospitais e escolas, falta de manutenção de centros cirúrgicos, falta de fiscalização em eventos, ou seja, tudo o que caberia ao Estado prevenir por meio do seu poder de polícia pode ser considerado uma omissão. E comprovada a omissão estatal, permanece a responsabilização estatal.

---

[73] CAVALIERI FILHO, Sérgio. *Programa de Responsabilidade Civil*. 6. ed. ver. aum. e atual. 2. tir. São Paulo: Malheiros, 2006, p. 91.

[74] GASPARINI, op. cit., p. 1048.

Sustenta-se, ainda, a culpa de terceiro e o exercício regular de direito como casos de excludentes da responsabilidade civil do Estado. O exercício regular de direito pelo agente estatal "significa que não haverá responsabilidade civil do Estado se tiverem sido observados todos os limites e deveres pertinentes ao dever de diligência",[75] ou seja, se, no cumprimento de seu múnus funcional, o agente que representa o Estado adotou todas as precauções e houve dano em relação a terceiro, não haveria o dever de indenizar. Já a culpa de terceiro[76] é quando o dano foi acarretado por uma conduta antijurídica alheia, não cabendo a responsabilização do Estado pela inexistência da infração ao dever de diligência, como pondera Justen Filho.[77]

Caso haja ocorrido alguma das chamadas excludentes de responsabilidade, ocorre a quebra do nexo de causalidade, não havendo, portanto, o dever de indenizar. Importante ressaltar que não configuradas causas de excludente, ensejando a responsabilidade civil do Estado por atos de seus agentes, cabe ação regressiva contra o respectivo agente público causador do dano, consoante regra constitucional que assegura o direito de regresso contra o responsável. Quanto à possibilidade de regresso por parte do Estado, caso reste configurado dolo ou culpa por parte do causador do dano, tal direito é assegurado pela parte final do § 6º do artigo 37 da Constituição Federal de 1988.

Questão de deslinde, com certa complexidade, é como se efetiva a ação de regresso no ordenamento jurídico. Para propor uma ação indenizatória contra o Estado para responsabilizá-lo civilmente por danos causados por seus agentes, devemos acionar somente o Estado ou devemos acionar o Estado conjuntamente com o agente público, num litisconsórcio passivo? Há divergências doutrinárias e jurisprudenciais sobre a indagação proposta, com pelo menos três entendimentos possíveis.

Para o primeiro entendimento, é uma obrigatoriedade imposta ao autor a propositura da ação contra a Fazenda Pública e o agente público, cumulativamente, num litisconsórcio passivo. Caso não seja proposta a ação contra o Estado e o agente público, mas somente contra o

---

[75] JUSTEN FILHO, op. cit., p. 1260.

[76] Interessante um caso oriundo do Tribunal de Justiça de Santa Catarina em que a esposa de um presidiário levou-lhe refeição que fora repartida por este com o colega de cela, estando a comida envenenada, resultando na morte do marido presidiário e seu colega. A família de uma das vítimas ingressou com a respectiva ação indenizatória contra o Estado, e o Judiciário indeferiu a pretensão dos autores acatando a tese da excludente baseada em culpa de terceiro. Claro que esse típico *hard case* poderia ser analisado ainda sob a ótica de que constantemente são encaminhadas refeições pelas famílias dos presos e ocorre a omissão estatal em não verificar a comida, permitindo a entrada da refeição envenenada. In: SANTOS, op. cit., p. 287.

[77] JUSTEN FILHO, op. cit., p. 1260.

Estado, este deve promover a denunciação da lide[78] do agente público, com base no artigo 70, inciso III, do Código de Processo Civil, se o agente estiver identificado e tiver agido com dolo ou culpa. Diz o artigo 70, inciso II, do mesmo Código: "A denunciação da lide é obrigatória: [...] III – àquele que estiver obrigado, pela lei ou pelo contrato, a indenizar, em ação regressiva, o prejuízo do que perder a demanda".

Os argumentos dessa primeira posição, favorável à denunciação da lide ao agente público, são que o artigo 70, inciso III, do referido diploma processual, alcança todos os casos de ação regressiva; deve haver economia processual e evitar decisões conflitantes; a responsabilidade do agente pode ser apurada nos autos da reparação do dano; recusar a denunciação da lide cerceia um direito da Administração.[79]

Para uma segunda posição, a denunciação da lide é facultativa nas ações contra o Estado, a fim de levar o servidor público para formar um litisconsórcio passivo juntamente com o Estado, caso assim identificado. A faculdade de denunciar a lide visa a criar uma sintonia com o princípio da economia processual, uma vez que não há necessidade da formação de duas ações, evitando nova ação regressiva autônoma, além de resguardar o direito de regresso.

Para o terceiro posicionamento, há o entendimento da vedação à denunciação da lide, justificando-se pelo fato de que a regra do artigo 70 do Código de Processo Civil não prevalece sobre a regra constitucional do artigo 37, § 6º, da Constituição Federal de 1988, porquanto esse mandamento constitucional responsabiliza o Estado. Argumenta-se ainda que há necessidade de priorizar o direito da vítima, evitando demora no andamento do processo pelo ingresso de mais de um sujeito, além de incorporar um novo fundamento à demanda principal, qual seja, a necessidade de comprovação de culpa ou dolo por parte do Estado em relação à ação do agente.[80] Entende-se que o direito de regresso não se exaure para a Administração, podendo alegar em ação própria. "Não pode lei menor empecer a grandeza do instituto. A pretexto da discutível economia processual, não se pode deixar instaurar, no bojo da lide, outra lide – a do Estado e do funcionário –,

---

[78] A denunciação da lide consiste em chamar o terceiro (denunciado), que mantém um vínculo de direito com a parte (denunciante), para vir responder pela garantia do negócio jurídico, caso o denunciante saia vencido no processo.

[79] MEDAUAR, op. cit., p. 440-441.

[80] Na jurisprudência do Superior Tribunal de Justiça, há entendimento dominante pela impossibilidade de cabimento da denunciação da lide: "Na relação à exegese do art. 70, III, do CPC, melhor se recomenda a corrente que não permite a denunciação nos casos de alegado direito de regresso, cujo reconhecimento demandaria análise de fundamento novo não constante da lide originária" (REsp n. 210.607). Outros julgados do STJ entendem que a denunciação da lide é inadmissível, mas se ocorrer o chamamento ao litisdenunciado, este não pode se recusar ao chamado do juízo (nesse sentido, o REsp n. 235.182).

ocasionando graves percalços ao lesado".[81] Greco Filho escreve que o inciso III do artigo 70 se refere ao garante, e não ao funcionário, cuja responsabilidade seria ainda aferida.[82]

Nesse viés, o posicionamento é no sentido de ser incabível a denunciação da lide, por conta de que essa figura processual resultaria em manifesto prejuízo para a vítima do dano. Note-se que o particular teria o seu direito à reparação em regra fundamentada na responsabilidade objetiva, bastando comprovar o dano suportado e o nexo causal; em função da denunciação da lide do agente causador, o litígio ficaria na dependência da comprovação de culpa ou dolo do agente para fins de exercício do direito de regresso, causando manifesto atraso na prestação jurisdicional.

Há ainda outra posição, defendida por Cahali[83] e Di Pietro,[84] que preferem diferenciar a possibilidade ou não de denunciação da lide em função do fundamento da ação proposta pela vítima do dano, consignando que se for citada, na exordial, a culpa do agente, permite-se a denunciação, ao passo que se não for feita qualquer menção na petição inicial, resta impossibilitada a denunciação da lide do servidor causador do dano.

Em linhas gerais, os processualistas têm-se manifestado pela possibilidade de denunciação da lide, enquanto a maioria dos administrativistas entende pela sua vedação, o que nos parece ser a posição mais coerente. No âmbito da jurisprudência, o Supremo Tribunal Federal já manifestou, em julgado da década de oitenta, que a denunciação da lide seria uma faculdade, ao passo que o Superior Tribunal de Justiça possui jurisprudência dominante pela impossibilidade do referido formalismo processual, todavia, se chamado ao processo o agente causador do dano, não pode o denunciado se recusar ao chamamento.

Contudo, imperioso reconhecer que a posição da vedação à denunciação da lide é a que vai ao encontro da vontade do legislador constituinte. O inciso III do artigo 70 do Código de Processo Civil deve ser reinterpretado sob a ótica constitucional, sob pena de o artigo 37, § 6º, da Constituição Federal de 1988 não alcançar a efetividade pretendida. A responsabilização civil do Estado, plasmada na supremacia da Constituição, deve estar livre de qualquer engenharia jurídica

---

[81] FIGUEIREDO, op. cit., p. 268.

[82] GRECO FILHO, Vicente. *A denunciação da lide: sua obrigatoriedade e extensão*. Justitia, 1976, p. 94.

[83] CAHALI, Yussef Said. *Responsabilidade Civil do Estado*. 2. ed. ver. e atual. São Paulo: Malheiros, 1995, p. 186.

[84] DI PIETRO, op. cit., p. 627.

para obstar ou procrastinar o direito do cidadão ofendido de alcançar sua reparação objetiva.

Não encontra guarida a aplicação do artigo 70, inciso III, do diploma processual civil em referência ao Estado-denunciante, já que a parte final do § 6º do artigo 37 da Carta Magna ressalta expressamente a intenção de que o direito de regresso é assegurado e deve ser buscado em processo autônomo, cabendo ao agente causador do dano todas as possibilidades de provar a inexistência de dolo ou culpa ou outra tese defensiva. Há que se dar efetividade plena ao § 6º do artigo 37 da Constituição Federal de 1988. Barroso assevera que para plena efetividade constitucional no mundo dos fatos, é necessário ter a máxima aproximação entre o "dever-ser" normativo e o "ser" da realidade social.[85]

Ademais, a própria Constituição impõe a necessidade de celeridade processual e a responsabilização pela demora na prestação jurisdicional, ou seja, invocar a denunciação da lide nas demandas indenizatórias fundadas na responsabilidade objetiva procrastinaria ainda mais a reparação do ofendido, por implicar a busca da culpa ou dolo do agente causador do dano. Tais argumentos respaldam o princípio da divisão igualitária dos ônus e encargos pela sociedade em matéria de responsabilidade civil do Estado.

Para configuração do direito de regresso, são requisitos para o Estado exercer ação regressiva: a) a condenação da Administração Pública a indenizar por ato lesivo de seu agente; b) o pagamento do valor da indenização; e c) conduta lesiva, dolosa ou culposa, do agente causador do dano.[86]

Já quanto à prescrição do direito de regresso, até pouco tempo vigorava a regra indistinta da imprescritibilidade, ou seja, era imprescritível o direito do exercício de regresso por parte do Estado, a teor do que dispõe o § 5º do artigo 37 da Constituição Federal de 1988.[87] Tratando-se de ação pleiteando o ressarcimento de prejuízos causados ao erário público, o referido dispositivo constitucional aduz que a lei estabelecerá os prazos de prescrição para ilícitos praticados por qualquer agente, servidor ou não, que causar prejuízos ao erário, ressalvadas as respectivas ações de ressarcimento. Ocorre que, em recen-

---

[85] BARROSO, Luiz Roberto. *O direito constitucional e a efetividade de suas normas*. Limites e possibilidades da Constituição brasileira. 5. ed. Rio de Janeiro: Renovar, 2001, p. 85.

[86] GASPARINI, op. cit., p. 1085.

[87] O Supremo Tribunal Federal tinha o posicionamento pela imprescritibilidade das ações de ressarcimento ao erário quando do julgamento do MS n. 26.210/DF. No âmbito do Superior Tribunal de Justiça, também se destacava que era imprescritível ação visando à recomposição do patrimônio público, conforme decidido no REsp n. 403.153/SP e no REsp n. 1.069.779/SP.

te interpretação ao § 5º do artigo 37 da Constituição Federal, em sede de repercussão geral, o Supremo Tribunal Federal entendeu ser prescritíveis as ações de reparação de danos à Fazenda Pública decorrentes de ilícito civil, ressalvados os casos de improbidade administrativa e matéria criminal.[88]

Já para a vítima que sofreu um dano cometido pelo Estado, a fim de exigir a composição indenizatória, há um lapso temporal para tal desiderato, sob pena de ser declarado prescrito seu direito. Até pouco tempo atrás, a doutrina e a jurisprudência eram uníssonas no sentido de que prescrevia em cinco anos a pretensão de obter indenização por danos causados pela Administração Pública, incluindo nesse prazo a pretensão indenizatória contra as pessoas jurídicas de direito privado prestadoras de serviço público. A fundamentação basicamente decorre do prazo prescricional previsto no artigo 1º do Decreto-Lei n. 20.910/1932, não sendo negada sua vigência a partir da Constituição Federal de 1988. O artigo 1º do referido Decreto-Lei assim dispõe: "As dívidas passivas da União, dos Estados e dos Municípios, bem assim todo e qualquer direito ou ação contra a Fazenda Federal,

---

[88] É prescritível a ação de reparação de danos à Fazenda Pública decorrente de ilícito civil. Esse o entendimento do Plenário, que em conclusão de julgamento e por maioria, negou provimento a recurso extraordinário em que discutido o alcance da imprescritibilidade da pretensão de ressarcimento ao erário prevista no § 5º do art. 37 da CF ("§ 5º – A lei estabelecerá os prazos de prescrição para ilícitos praticados por qualquer agente, servidor ou não, que causem prejuízos ao erário, ressalvadas as respectivas ações de ressarcimento"). No caso, o Tribunal de origem considerara prescrita a ação de ressarcimento de danos materiais promovida com fundamento em acidente de trânsito, proposta em 2008, por dano ocorrido em 1997 – v. Informativo 767. O Colegiado afirmou não haver dúvidas de que a parte final do dispositivo constitucional em comento veicularia, sob a forma da imprescritibilidade, ordem de bloqueio destinada a conter eventuais iniciativas legislativas displicentes com o patrimônio público. Todavia, não seria adequado embutir na norma de imprescritibilidade um alcance ilimitado, ou limitado apenas pelo conteúdo material da pretensão a ser exercida – o ressarcimento – ou pela causa remota que dera origem ao desfalque no erário – ato ilícito em sentido amplo. De acordo com o sistema constitucional, o qual reconheceria a prescritibilidade como princípio, se deveria atribuir um sentido estrito aos ilícitos previstos no § 5º do art. 37 da CF. No caso concreto, a pretensão de ressarcimento estaria fundamentada em suposto ilícito civil que, embora tivesse causado prejuízo material ao patrimônio público, não revelaria conduta revestida de grau de reprovabilidade mais pronunciado, nem se mostraria especialmente atentatória aos princípios constitucionais aplicáveis à Administração Pública. Por essa razão, não seria admissível reconhecer a regra excepcional de imprescritibilidade. Seria necessário aplicar o prazo prescricional comum para as ações de indenização por responsabilidade civil em que a Fazenda figurasse como autora. Ao tempo do fato, o prazo prescricional seria de 20 anos de acordo com o CC/1916 (art. 177). Porém, com o advento do CC/2002, o prazo fora diminuído para três anos. Além disso, possuiria aplicação imediata, em razão da regra de transição do art. 2.028, que preconiza a imediata incidência dos prazos prescricionais reduzidos pela nova lei nas hipóteses em que ainda não houvesse transcorrido mais da metade do tempo estabelecido no diploma revogado. A Corte pontuou que a situação em exame não trataria de imprescritibilidade no tocante a improbidade e tampouco envolveria matéria criminal. Assim, na ausência de contraditório, não seria possível o pronunciamento do STF sobre tema não ventilado nos autos. Vencido o Ministro Edson Fachin, que provia o recurso. Entendia que a imprescritibilidade constitucional deveria ser estendida para as ações de ressarcimento decorrentes de atos ilícitos que gerassem prejuízo ao erário (STF, RE 669069/MG, rel. Min. Teori Zavascki, 3.2.2016).

Estadual ou Municipal, seja qual for a sua natureza, prescrevem em cinco anos contados da data do ato ou fato do qual se originarem".

A controvérsia começou após o advento do Código Civil de 2002, cujo artigo 206, § 3º, inciso V, prevê o prazo de três anos para a pretensão de reparação civil. A dúvida reside em saber se o prazo prescricional para o ajuizamento de ações indenizatórias contra a Fazenda Pública foi reduzido para três anos – como tipificado a partir do referido artigo do Código Civil – ou permanece em cinco anos, em respeito à norma inscrita no artigo 1º do Decreto-Lei n. 20.910/1932.

No âmbito doutrinário, Gasparini[89] e Di Pietro[90] asseveram que prescreve em cinco anos o direito de obter indenização dos danos causados pelo Estado, com base no indigitado artigo 1º do Decreto-Lei n. 2.0910/1932, e também conforme o artigo 1º-C da Lei Federal n. 9.494/1997, que disciplina a aplicação da tutela antecipada contra a Fazenda Pública. As dívidas passivas da União, dos Estados e dos Municípios, bem como todo e qualquer direito ou ação contra a Fazenda Federal, Estadual ou Municipal, seja qual for a sua natureza, prescrevem em cinco anos contados da data do ato ou fato do qual se originarem, consoante artigo 1º do Decreto-Lei n. 20.910/1932. Contudo, mesmo que os princípios basilares da hermenêutica conduzam à prevalência da lei especial sobre a lei geral, no caso concreto, o conflito das normas encontra expressa solução justamente no próprio Decreto-Lei n. 20.910/1932, cujo artigo 10 estabelece que "o disposto nos artigos anteriores não altera as prescrições de menor prazo, constantes das leis e regulamentos, as quais ficam subordinadas as mesmas regras".

Com efeito, restou prevista a prescrição de cinco anos em benefício do Fisco e, com o propósito de favorecer ainda mais os entes estatais, restou estipulado que no caso da eventual existência de prazo prescricional menor incidindo em situações específicas, o prazo do artigo 1º do Decreto-Lei n. 20.910/1932 não seria aplicado. É nessa linha que há quem defenda a incidência do prazo prescricional de três anos oriundo do Código Civil de 2002, a fim de responsabilizar o Estado por danos causados ao administrado. A legislação especial conferiu um prazo diferenciado de prescrição em favor do Estado. Na vigência do Código Civil de 1916, que tratava da legislação geral à época, era estabelecido o prazo de prescrição de vinte anos para ações de reparação civil. A legislação específica do Decreto-Lei n. 20.910/1932 previu um prazo de prescrição próprio, de cinco anos, para as pretensões contra a Fazenda Pública. Logo, o próprio

---

[89] GASPARINI, op. cit., p. 1063.
[90] DI PIETRO, op. cit., p. 629.

Decreto-Lei, em seu artigo 10, aduziu que os prazos menores devem favorecê-la. Nesse sentido, a legislação geral atual (Código Civil de 2002) passou a prever um prazo de prescrição de três anos para as pretensões de reparação civil, que, aplicado em prol do Estado, beneficiaria este.

Escreve Cunha, ao defender a incidência do prazo prescricional de três anos do atual Código Civil, que se a finalidade das normas contidas no ordenamento jurídico é conferir um prazo menor à Fazenda Pública, "não há razão para o prazo geral – aplicável a todos, indistintamente – ser inferior àquele outorgado às pessoas jurídicas de direito público".[91] Carvalho Filho defende que se deve reconhecer que a redução do prazo beneficiará tanto as pessoas públicas como as de direito privado prestadoras de serviços públicos.[92] Escreve o autor que "raia ao absurdo" admitir a manutenção do prazo quinquenal do Decreto-Lei n. 20.910/1932 quando o Código Civil, "que outrora apontava prazo bem superior àquele, reduz significativamente o período prescricional, no caso para três anos (pretensão à reparação civil)".

Divergente também esteve a posição da jurisprudência do Superior Tribunal de Justiça acerca da prescrição na responsabilidade civil do Estado. Nos Recursos Especiais n. 1.073.7976 e 1.014.307, houve o entendimento pela aplicação do prazo prescricional de cinco anos previsto no Decreto-Lei n. 20.910/1932 sobre o prazo de três anos previsto no atual Código Civil. Por outro lado, nos Recursos Especiais n°s 1.137.354 e 1.066.063, houve aplicação do prazo trienal do artigo 206, § 3º, inciso V, do Código Civil de 2002, prevalecendo sobre o prazo quinquenal do Decreto-Lei n. 20910/1932.

Muito embora haja uma tendência para que prevaleça o prazo quinquenal, parece que a prescrição trienal é a posição mais adequada em se tratando do prazo para recomposição dos danos causados pela Administração Pública, justamente pelo fato de que o próprio Decreto-Lei n. 20.910/1932, no artigo 10, prevê a possibilidade de aplicação de prazo menor, bem como o silogismo hermenêutico apresenta que a intenção do legislador sempre foi beneficiar a Fazenda Pública com prazos prescricionais menores, não sendo plausível o simples argumento de que o referido Decreto-Lei é imposição especial.

---

[91] CUNHA, Leonardo José Carneiro da. *A Fazenda Pública em Juízo*. 6. ed. São Paulo: Dialética, 2008, p. 85.

[92] CARVALHO FILHO, José dos Santos. *Manual de Direito Administrativo*. 24. ed. rev. ampl. e atual. Rio de Janeiro: Lumen Juris, 2010, p. 498-499.

2. A vinculação do Estado Constitucional aos direitos fundamentais

Há total e incansável vinculação do Estado Constitucional na efetivação de direitos fundamentais. Como bem descreve Bonavides, o Estado Constitucional dos direitos fundamentais, com todas as implicações sociais, "é uma praça de guerra onde porfiam interesses, valores, pretensões, reivindicações, em contextura de luta que fez da estabilidade do sistema a luta dos governos. Mas nem por isso a conquista daqueles direitos, em progressão alentadora, há cessado, em meio à refrega e o dinamismo da sociedade".[93]

Para compreensão acerca da teoria dos direitos fundamentais[94] e seu papel de destaque como núcleo central do Estado Constitucional,

---

[93] BONAVIDES, Paulo. *Teoria do ordenamento jurídico*. 8. ed. Brasília: Universidade de Brasília, 1996, p. 576. Reflete Gesta Leal que "este Estado tem colocado sérias questões a serem respondidas pela teoria política contemporânea, sendo que a principal delas, ao menos no âmbito dos países ditos em desenvolvimento, como o Brasil, é a de saber sobre as condições de se atribuir aos poderes públicos a responsabilidade de proporcionar espaços de interlocução, deliberação e execução, a toda sociedade e cidadãos, das prestações necessárias e os serviços públicos adequados para o pleno desenvolvimento de suas vidas, contempladas não só a partir das liberdades burguesas tradicionais, mas sim, a partir das prerrogativas e direitos fundamentais e humanos garantidos pela nova ordem constitucional". In: LEAL, Rogério Gesta. *Estado, Administração Pública e Sociedade: Novos Paradigmas*. Porto Alegre: Livraria do Advogado, 2006, p. 34.

[94] Sarlet, diferenciando a definição de direitos fundamentais, direitos humanos e direitos naturais, escreve: "os direitos fundamentais são os direitos do ser humano reconhecidos e positivados na esfera do direito constitucional positivo de determinado Estado; a expressão 'direitos humanos', por sua vez, 'guardaria relação com os documentos de direito internacional, por referir-se àquelas posições jurídicas que se reconhecem ao ser humano como tal, independentemente de sua vinculação com determinada ordem constitucional e que, portanto, aspiram à validade universal, para todos os povos e tempos, de tal sorte que revelam um inequívoco caráter supranacional (internacional)'. Os direitos naturais não se equiparam aos direitos humanos uma vez que a positivação em normas de direito internacional já revela a dimensão histórica e relativa dos direitos humanos". In: SARLET, Ingo Wolfgang. *A Eficácia dos Direitos Fundamentais*. Porto Alegre: Livraria do Advogado, 1998, p. 31. Canotilho faz ainda outra diferenciação, no que tange aos direitos fundamentais para com os direitos do homem: "direitos do homem são direitos válidos para todos os povos e em todos os tempos (dimensão jusnaturalista-universalista)". In: CANOTILHO, José Joaquim Gomes. *Direito Constitucional e Teoria da Constituição*. 3. ed. Coimbra: Almedina, 1999, p. 369.

é necessário que se faça uma breve análise filosófica e histórica, demonstrando a evolução dos direitos fundamentais pelo tempo.

A ligação primordial dos direitos fundamentais à liberdade e à dignidade humana, nos seus teores históricos e filosóficos, demonstrará a pertinência desses direitos, os quais são inerentes à pessoa humana, delineando toda sua universalidade como ideal. Segundo Bonavides, "a universalidade se manifestou pela vez primeira, com a descoberta do racionalismo francês da Revolução, por ensejo da célebre Declaração dos Direitos do Homem de 1789".[95] Escreve Maliska que "a fase anterior aos acontecimentos do final do século XVIII é representada, no âmbito dos direitos fundamentais, pelas cartas e declarações inglesas".[96] A partir da Declaração francesa, notou-se que esta tinha um grau de abrangência muito mais significativo do que as declarações inglesas e americanas, uma vez que "se dirigiam a uma camada social privilegiada (os barões feudais), quando muito a um povo ou a uma sociedade que se libertava politicamente, conforme era o caso das antigas colônias americanas, ao passo que a Declaração Francesa de 1789 tinha por destinatário o gênero humano".[97]

Como se vê, a Declaração francesa designava um caráter humano de grande valia, assumindo sua universalidade. Nesse contexto histórico inerente aos direitos fundamentais, observa-se que ali os direitos do Homem, munidos também do direito à liberdade, ganharam força e legitimidade. Externar-se-ão, então, dentro dos direitos fundamentais, as características de direitos naturais, inalienáveis e sagrados, caracteres próprios das sociedades democráticas. Com a universalidade da Declaração Francesa de 1789, começaram a surgir os ditames da democracia de um verdadeiro Estado Constitucional, consoante a lição de Boutmy reproduzida por Bonavides:[98] "foi para ensinar o mundo que os franceses escreveram".

As cartas de Estados constitucionais com características eminentemente liberais eram limitadas por meio da autoridade estatal, designando dessa forma separar os Poderes nas suas respectivas funções (legislativo, executivo e judiciário) e consubstanciando a efetivação da declaração dos direitos. A partir dessas configurações de direitos, surgem os direitos de primeira geração, representando os direitos civis e

---

[95] BONAVIDES, Paulo. *Teoria do ordenamento jurídico*. 8. ed. Brasília: Universidade de Brasília, 1996, p. 516.

[96] MALISKA, Marcos Augusto. *O Direito à Educação e a Constituição*. Porto Alegre: Fabris, 2001, p. 39.

[97] BONAVIDES, op. cit., p. 516.

[98] Idem. Ibidem.

políticos, que postulavam uma atividade negativa por parte do Estado Constitucional, não violando o cunho individual desses direitos.

Nota-se que após todo o período revolucionário do século XVIII, principalmente pelas ideologias políticas francesas, marcado pelo teor individualista, notadamente nos direitos de defesa e direitos do indivíduo frente ao Estado, externaram-se os caracteres base de todo escopo essencial dos direitos fundamentais. Postuladas pela historicidade em toda sua evolução, institucionalizaram-se três premissas gradativas, a saber: a liberdade, a igualdade e, posteriormente, a fraternidade.[99]

Sem aprofundar a discussão doutrinária de menor relevância acerca do uso do termo *dimensão* ou *geração*[100] para explicar a historicidade dos direitos fundamentais, porquanto adota-se aqui a terminologia *geração*, tem-se que os direitos fundamentais de primeira geração são teorizados pelo seu cunho materialista e foram atingindo essas características por meio de um processo cumulativo e qualitativo, designando uma nova universalidade com escopos materiais e concretos.

Escreve Bonavides que os direitos fundamentais de primeira geração são os "direitos da liberdade, os primeiros a constarem do

---

[99] SARLET, Ingo Wolfgang. *A Eficácia dos Direitos Fundamentais*. Porto Alegre: Livraria do Advogado, 1998, p. 48.

[100] A título de explicação, a terminologia utilizada entre "geração" ou "dimensão" de direitos fundamentais tem gerado certa discussão doutrinária. Bonavides utiliza o termo "gerações dos direitos fundamentais" para demonstrar a evolução histórica nas cartas constitucionais. Explica o autor que a expressão "gerações de direitos fundamentais" foi primeiramente utilizada por Karel Vasak, na aula inaugural de 1979 dos Cursos do Instituto Internacional dos Direitos do Homem, em Estrasburgo. Segundo ainda Bonavides, o próprio Vasak refutaria a terminologia escolhida, por sua imprecisão. In: BONAVIDES, Paulo. *Curso de Direito Constitucional*. 10. ed. São Paulo: Malheiros, 2000, p. 525 e ss. Sarlet, por sua vez, defende o termo "dimensões": "Em que pese o dissídio na esfera terminológica, verifica-se crescente convergência de opiniões no que concerne à ideia que norteia a concepção das três (ou quatro, se assim preferirmos) dimensões dos direitos fundamentais, no sentido de que estes, tendo tido sua trajetória existencial inaugurada com o reconhecimento formal nas primeiras Constituições escritas dos clássicos direitos de matriz liberal-burguesa, se encontram em constante processo de transformação, culminando com a recepção, nos catálogos constitucionais e na seara do Direito Internacional, de múltiplas e diferenciadas posições jurídicas, cujo conteúdo é tão variável quanto as transformações ocorridas na realidade social, política, cultural e econômica ao longo dos tempos. Assim sendo, a teoria dimensional dos direitos fundamentais não aponta, tão-somente, para o caráter cumulativo do processo evolutivo e para a natureza complementar de todos os direitos fundamentais, mas afirma, para além disso, sua unidade e indivisibilidade no contexto do direito constitucional interno e, de modo especial, na esfera do moderno 'Direito Internacional dos Direitos Humanos'". In: *A Eficácia dos Direitos Fundamentais*. Porto Alegre: Livraria do Advogado, 1998, p. 55. Cançado Trindade escreve que "a fantasia nefasta das chamadas 'gerações de direitos', histórica e juridicamente infundada, na medida em que alimentou uma visão fragmentada ou atomizada dos direitos humanos, já se encontra devidamente desmistificada. O fenômeno que hoje testemunhamos não é o de sucessão, mas antes, de uma expansão, cumulação e fortalecimento dos direitos humanos consagrados, consoante uma visão necessariamente integrada de todos os direitos humanos". In: TRINDADE, Antonio Augusto Cançado. *Tratado de direito internacional dos direitos humanos*. v. 1. Porto Alegre: Sergio Antonio Fabris, 1997, p. 390.

instrumento normativo constitucional, a saber, os direitos civis e políticos, que em grande parte correspondem, por um prisma histórico, àquela fase inaugural do constitucionalismo do Ocidente".[101] Ao longo dos séculos XVIII e XIX, como forma de expressão de um cenário histórico marcado pelo ideário do jusnaturalismo secularizado, do racionalismo iluminista, do contratualismo societário, do liberalismo individualista e do capitalismo concorrencial, os direitos de primeira geração surgem no contexto da formação do constitucionalismo político clássico, que sintetiza as teses do Estado Democrático de Direito, da teoria da tripartição dos poderes, do princípio da soberania popular e da doutrina da universalidade dos direitos e garantias fundamentais.[102]

A passagem para a modernidade faz com que os direitos de primeira geração, de certa forma, desliguem-se dos papéis sociais de cada pessoa, até então permeados pelo absolutismo da época, porquanto passam a competir, a partir de agora, em igual medida, qual seja, todo Homem, na qualidade de ser livre, passa a ter reconhecimento jurídico.[103] Todo ser humano deve ser considerado, sem distinção, um "fim em si", ao passo que o respeito social salienta o valor de um indivíduo na medida em que se mede a intersubjetividade pelos critérios da relevância social, conforme alerta Honneth.[104] No próprio reconhecimento jurídico proposto pelo autor,[105] a questão é saber como se determina a propriedade construtiva das pessoas como tais, enquanto para a estima social se coloca a questão de como se constitui o sistema referencial valorativo no interior do qual se pode medir o valor das propriedades características.

O sistema jurídico que se cria com a efetivação dos direitos fundamentais de primeira geração deve expressar interesses universalizáveis de todos os membros da sociedade, não admitindo privilégios e gradações. O ser humano passa a ser reconhecido reciprocamente como portador de igualdade e liberdade, que partilha as propriedades para a participação em uma formação discursiva da vontade. Os direitos fundamentais de primeira geração constituem-se também na expressão da "consciência de poder respeitar a si próprio, porque ele

---

[101] BONAVIDES, op. cit., p. 517.

[102] WOLKMER, Antonio Carlos. Introdução aos fundamentos de uma teoria geral dos "novos" direitos. In LEITE, José Rubens Morato; WOLKMER, Antonio Carlos (Coord). *Os novos direitos no Brasil: natureza e perspectivas: uma visão básica das novas conflituosidades jurídicas*. São Paulo: Saraiva, 2003, p. 7.

[103] HONNETH, Axel. *Luta por reconhecimento: a gramática moral dos conflitos sociais*. 1. ed. São Paulo: Editora 34, 2003, p. 195.

[104] Idem, p. 195.

[105] Idem, p. 195-196.

merece o respeito de todos os outros".[106] O que caracteriza essa igualdade humana passa pela construção histórica em que a modernidade é marcada pela extensão dos atributos universais. O sentido das lutas por reconhecimento travadas para a construção dos direitos civis, políticos e sociais busca, de certa maneira, que a pessoa humana seja reconhecida pelo Estado e para com seus pares com igual valor.[107]

Basicamente, os direitos fundamentais de primeira geração estão presentes em todas as constituições das sociedades civis democráticas, não obstante seu caráter de *status negativus*,[108] em consonância com a descrição de Maliska em que "esses representavam uma atividade negativa, por parte da autoridade estatal, de não violação da esfera individual (os chamados direitos de primeira geração, os direitos civis e políticos)".[109]

Os direitos fundamentais demarcam os limites para a atuação dos governantes, em prol da liberdade dos administrados.[110] Há uma esfera demarcada que veda a interferência estatal, criando uma barreira entre o espaço da sociedade civil e da ação estatal. Essa clássica divisão entre a esfera pública e a esfera privada fazia valer com maior irradiação o aspecto de supremacia do indivíduo sobre as ações estatais.

Canotilho aduz que no liberalismo clássico, o "homem civil" precederia o "homem político", e o "burguês" estaria antes do "cidadão".[111] Na concepção a partir do direito público, os direitos fundamentais de primeira geração traduziam-se em um rígido limite à atuação estatal, nitidamente com o escopo de proteger o indivíduo, enquanto que no âmbito do direito privado, a partir da autonomia da vontade, os direitos fundamentais de primeira geração regravam as

---

[106] HONNETH, op. cit., p. 195-196.

[107] O princípio de igualdade embutido no direito moderno teve por consequência que o *status* de uma pessoa de direito não foi ampliado apenas no aspecto objetivo, sendo dotado cumulativamente de novas atribuições, mas pode também ser estendido no aspecto social, sendo transmitido a um número sempre crescente de membros da sociedade. In: *Luta por reconhecimento: a gramática moral dos conflitos sociais*. 1. ed. São Paulo: Editora 34, 2003, p. 191.

[108] É uma classificação de Jellinek (1954) e fazem ressaltar na ordem dos valores políticos a nítida separação entre a Sociedade e o Estado. Sem o reconhecimento dessa separação, não se pode aquilatar o verdadeiro caráter antiestatal dos direitos de liberdade, conforme tem sido professado com tanto desvelo teórico pelas correntes do pensamento liberal de teor clássico. In: BONAVIDES, Paulo. *Curso de Direito Constitucional*. 10. ed. São Paulo: Malheiros, 2000, p. 517-518.

[109] MALISKA, op. cit., p. 41.

[110] SARMENTO, Daniel. *A Ponderação de Interesses na Constituição Federal*. Rio de Janeiro: Lumen Juris, 2003, p. 12-13.

[111] CANOTILHO, José Joaquim Gomes. *Constituição Dirigente e Vinculação do Legislador. Contributo para Compreensão das normas constitucionais programáticas*. Coimbra: Coimbra Editora, 1994, p. 369.

relações entre cidadãos iguais no plano formal.[112] Esse paradigma dos direitos fundamentais perdurou até o início do século XX, posto que a partir daí foram ingressados novos direitos fundamentais.

Como o século anterior foi marcado pelo advento dos direitos da primeira geração (direitos civis e políticos), o século XX foi caracterizado por uma perspectiva do Estado Constitucional a partir de uma nova ordem social. Expõe-se uma nova estruturação dos direitos fundamentais, não mais sedimentada no individualismo puro do modelo anterior. Escreve Sarlet que "a nota distintiva destes direitos é a sua dimensão positiva, uma vez que se cuida não mais de evitar a intervenção do Estado na esfera da liberdade individual, mas, sim, na lapidar formulação de C. Lafer, de propiciar um 'direito de participar do bem-estar social'".[113]

Os direitos fundamentais da segunda geração se tornam tão essenciais quanto os direitos fundamentais da primeira geração, tanto por sua universalidade quanto por sua eficácia. Os direitos fundamentais da segunda geração são representados pelos direitos sociais, culturais e econômicos. São direitos das coletividades introduzidos no constitucionalismo a partir das diversas formas de Estado social.[114] Esses direitos impõem normas-tarefa ao Estado Constitucional, uma espécie de orientações e deveres a serem realizados, com o propósito de propiciar melhor qualidade de vida à pessoa humana e um nível de dignidade como pressuposto do próprio exercício da liberdade. Funcionam, na expressão de Marmelstein, como uma "alavanca ou uma catapulta capaz de proporcionar o desenvolvimento do ser humano, fornecendo-lhe as condições básicas para gozar, de forma efetiva, a tão necessária liberdade".[115]

Os direitos da referida segunda geração estão ligados intimamente a direitos prestacionais sociais do Estado Constitucional perante o indivíduo, bem como assistência social, educação, saúde, cultura, trabalho. Passam esses direitos a exercer uma liberdade social, formulando uma ligação das liberdades formais abstratas para as liberdades materiais concretas. É marcada uma nova fase dos direitos fundamentais, não só pelo fato de esses direitos terem o escopo positivo, mas também de exercerem uma função prestacional estatal para com o indivíduo.[116] A propósito da reflexão de Sarlet, asseverando que direitos

---

[112] SARMENTO, op. cit., p. 13.

[113] SARLET, op. cit., p. 49.

[114] BOBBIO, Norberto. *A Era dos Direitos*. Tradução de Carlos Nelson Coutinho. Rio de Janeiro: Campus, 1992, p. 32-33.

[115] MARMELSTEIN, George. *Curso de direitos fundamentais*. São Paulo: Atlas, 2008, p. 50.

[116] SARLET, op. cit., p. 49.

fundamentais de segunda geração são como "liberdades sociais, do que dão conta os exemplos de liberdade de sindicalização, do direito de greve, bem como dos direitos fundamentais dos trabalhadores".[117]

Com os direitos da segunda geração, brotou um pensamento de que tão importante quanto preservar o indivíduo, segundo a definição clássica dos direitos de liberdade, era também despertar a conscientização de proteger as garantias institucionais do Estado Constitucional. Uma realidade social mais fecunda e aberta à participação e à valoração da personalidade humana, em que o tradicionalismo da solidão individualista, sem a qualidade de teores axiológicos existenciais, somente a parte social contempla.

O próprio reconhecimento proposto por Honneth, encetado por situações desrespeitosas vivenciadas cotidianamente, é fundamental para o desenvolvimento moral da sociedade e dos indivíduos a partir da concretização dos direitos fundamentais de segunda geração. Perifericamente, os direitos de segunda geração tornam-se também bases, naquilo que Honneth[118] conceitua de boa vida,[119] a qual "tem de conter todos os pressupostos intersubjetivos que hoje precisam estar preenchidos para que os sujeitos se possam saber protegidos nas condições de sua autorrealização".

Emerge assim um novo conteúdo dos direitos fundamentais: as garantias institucionais do Estado Constitucional, as quais são inerentes às instituições de direito público e compõem suas formas e organização, bem como limites ao arbítrio do poder estatal para com os direitos de segunda geração. Oportuna a exegese da lição de Carl Schmitt proposta por Bonavides: "graças às garantias institucionais, determinadas instituições receberam uma proteção especial [...] para resguardá-la da intervenção alteradora por parte do legislador ordinário. [...] Demais, é da essência da garantia institucional a limitação, bem como a destinação a determinados fins e tarefas".[120]

Os direitos fundamentais da segunda geração, uma vez proclamados nas "declarações solenes das constituições marxistas e também de maneira clássica no constitucionalismo da social-democracia (a de Weimar, sobretudo), dominaram por inteiro as constituições do

---

[117] SARLET, op. cit., p. 50.

[118] HONNETH, op. cit., p. 270.

[119] Nas sociedades modernas, as condições para a autorrealização individual só estão socialmente asseguradas quando os sujeitos podem experimentar o reconhecimento intersubjetivo não apenas de sua autonomia pessoal, mas também de suas necessidades específicas e capacidades particulares, o que os direitos fundamentais de segunda geração, quando efetivamente concretizados, podem propiciar. HONNETH, op. cit., p. 189.

[120] BONAVIDES, op. cit., p. 519.

segundo pós-guerra".[121] Surgem, portanto, novos modelos de Estado Constitucional, que primavam não só pela proteção individual dos indivíduos, mas também por direitos sujeitos a prestações, como dito, os direitos sociais, culturais e econômicos concernentes às relações de produção, ao trabalho, à educação, à cultura e à previdência.

Já nas sociedades modernas, o Estado Constitucional começou a prestigiar o surgimento de novos direitos, denominados de terceira geração (direito ao desenvolvimento, à paz, à propriedade sobre o patrimônio comum, à comunicação e ao meio ambiente). Esses direitos fundamentais são marcados por direitos atribuídos à fraternidade ou à solidariedade. São conhecidos como aqueles concernentes ao desenvolvimento, à paz, ao meio ambiente, à propriedade sobre o patrimônio comum da humanidade e à comunicação, papel indissociável do Estado Constitucional hodierno.

Esse novo escopo jurídico vem a somar nos direitos do Homem junto com os historicamente versados direitos de liberdade e igualdade. Bonavides expõe que "dotados de altíssimo teor de humanismo e universalidade",[122] os direitos da terceira geração tendem a demarcar a história enquanto direitos que não se destinam especificamente à proteção dos interesses de um indivíduo, de um grupo, ou de um determinado Estado. Os direitos da terceira geração são, precipuamente, direitos fundamentais requeridos pelo indivíduo devido ao processo de descolonização do segundo pós-guerra e também pelos avanços tecnológicos, delineando assim direitos de titularidade coletiva ou difusa.

Configuram-se os direitos fundamentais da terceira geração como direitos de solidariedade ou de fraternidade, que, nos dizeres de Sarlet, se traduzem "em face de sua implicação universal ou, no mínimo, transindividual, e por exigirem esforços e responsabilidades em escala até mesmo mundial para sua efetivação".[123]

Destarte, a solidariedade como direito fundamental de terceira geração também é utilizada por Honneth em sua última divisão de reconhecimento, baseada em relações de respeito universal. O autor afirma que, "para poderem chegar a uma autorrelação infrangível, os sujeitos humanos precisam [...], além da experiência da dedicação afetiva e do reconhecimento jurídico, de uma estima social que lhes permita referir-se positivamente a suas propriedades e capacidades

---

[121] BONAVIDES, op. cit., p. 519-520.
[122] Idem, p. 523.
[123] SARLET, op. cit., p. 51.

concretas",[124] a partir de um estereótipo axiológico em que os sujeitos podem encontrar a valorização de suas idiossincrasias. Escreve Honneth que nas sociedades modernas do Estado Constitucional, "as relações de estima social estão sujeitas a uma luta permanente na qual os diversos grupos procuram elevar, com os meios da força simbólica e em referência às finalidades gerais, o valor das capacidades associadas à sua forma de vida",[125] fazendo com que a solidariedade alcance *status* de direito fundamental elencado como de terceira geração.

A solidariedade funciona como tolerância e educação para o respeito da dignidade humana, constituindo um destacado objetivo pedagógico do Estado Constitucional: dignidade humana, para cada um, bem como para o próximo.[126] Decorrente da própria matiz da Declaração Francesa, que primou pela defesa da liberdade, igualdade e fraternidade, denota-se que os sistemas de direitos fundamentais vão, gradativamente, sendo descobertos e formulados para, posteriormente, serem efetivados. Cria-se, portanto, um processo de constante evolução, conhecido e reconhecido pelo ordenamento jurídico no Estado Constitucional.

O Estado Constitucional vive uma era delineada pela globalização política neoliberal. Essa globalização do modelo neoliberalista, marcada pela globalização econômica advinda principalmente da égide da política imperialista de determinados entes internacionais, imposta aos países de terceiro mundo por suas organizações financeiras, causa, de certa forma, enorme impacto nos direitos fundamentais. Escreve Bonavides[127] que o neoliberalismo possui uma filosofia de poder negativa e move-se, com certo grau de avanço, rumo à dissolução do Estado nacional, com vistas a debilitar os laços de soberania, ao passo que prega uma falsa despolitização da sociedade.

A globalização política de escopo ideológico neoliberal vem a se perfilar na teoria dos direitos fundamentais, refletindo diretamente na população subdesenvolvida. Nesse sentido, os direitos fundamentais de quarta geração, que correspondem à verdadeira institucionalização do Estado Constitucional, são os chamados direito à democracia, à informação e ao pluralismo. Assim, a globalização dos direitos fundamentais consubstancia a universalização na seara institucional, posto que reconhece a existência desses direitos de quarta geração.

---

[124] HONNETH, op. cit., p. 198.

[125] Idem, p. 207.

[126] HÄBERLE, Peter. *Hermenêutica constitucional*. A sociedade dos intérpretes da Constituição: contribuição para a interpretação pluralista e "procedimental" da Constituição. Tradução de Gilmar Ferreira Mendes. Porto Alegre: Sergio Antonio Fabris Editor, 1997, p. 88.

[127] BONAVIDES, op. cit., p. 524.

Sarlet preconiza que a proposta de Bonavides, comparada com as posições que arrolam os direitos contra a manipulação genética, mudança de sexo, etc., integrando a quarta geração, oferece nítida vantagem de constituir, de fato, uma nova fase no reconhecimento dos direitos fundamentais, partindo do pressuposto de que os direitos fundamentais estão, na sua essência, ligados intimamente, direta ou indiretamente, a valores concernentes à vida, à liberdade, à igualdade e à fraternidade ou solidariedade, resguardando sempre a dignidade do ser humano.[128] É possível conferir a essa esfera de direitos fundamentais da quarta geração (direito à democracia, direito à informação e direito ao pluralismo) a devida proteção do Estado Constitucional.[129] A globalização política expõe objetivos sem referências concretas de valores. Ao globalizar os direitos fundamentais, o Estado Constitucional configura a sua efetiva universalização, para que os direitos da quarta geração atinjam sua objetividade como nas duas gerações de direitos anteriores, sem destituir a subjetividade da primeira geração, com vistas à consecução de um futuro melhor, sem deixar de ser uma utopia o seu reconhecimento no direito positivo interno e internacional.

Portanto, para idealizar um Estado Constitucional, é imprescindível que os textos constitucionais sejam permeados pelos direitos fundamentais, adquirindo estes lugar privilegiado e posição de destaque. Os direitos fundamentais, inicialmente, asseveram uma característica de direitos negativos, que importam uma restrição à ação do Estado para, posteriormente, assumirem uma feição ativa, exigindo ações positivas desse Estado Constitucional, notadamente, um Estado social e democrático de direito.

2.1. A eficácia dos direitos fundamentais como parte nuclear do Estado Constitucional

A premissa para se formar um Estado Constitucional de que este esteja consubstanciado no princípio democrático[130] é, sem dúvida, sua

---

[128] SARLET, op. cit., p. 53.

[129] Alguns autores, como Bonavides, defendem ainda a existência de direitos fundamentais de quinta geração, como, por exemplo, direito à paz. Sampaio faz alusão aos direitos de quinta geração ou dimensão "como o sistema de direitos ainda a incorporar os anseios e necessidades humanas que se apresentam com o tempo, há quem fale já de uma quinta geração dos direitos humanos com múltiplas interpretações". SAMPAIO, José Adércio Leite. *A constituição reinventada pela jurisdição constitucional*. Belo Horizonte: Del Rey, 2002, p. 302.

[130] Escreve Bresser-Pereira que os ideais de um Estado republicano são a tendência para o Estado Constitucional democrático: "o Estado republicano é um Estado suficientemente forte para se proteger da captura privada, defendendo o patrimônio público contra a busca de rendas (*rent-seeking*); é um Estado participativo, onde os cidadãos, organizados em sociedade civil, par-

ligação efetiva com os direitos fundamentais nos planos formal e material. Quando as constituições elaboram, em seus primeiros artigos, os fundamentos do Estado e da sociedade, estes somente alcançam efetividade social mediante concretização dos postulados normativos referentes aos direitos fundamentais. Para se ter uma ideia mais nítida de Estado Constitucional, Sundfeld[131] preconiza que para definir juridicamente o Estado brasileiro de hoje, basta construir a noção de Estado social e democrático de Direito, agregando-se aos elementos ainda há pouco indicados a imposição, ao Estado, do dever de atingir objetivos sociais e a atribuição, aos indivíduos, do correlato direito de exigi-los.[132]

Nesse sentido, surge outra variante, o desenvolvimento econômico, que se consubstancia como condição para realização dessa prestação dos direitos sociais. Com isso, o Estado Constitucional tem por consequência incrementar o desenvolvimento econômico, efetuando assim uma função que não é inerente da concepção de Estado Social. O Estado Constitucional poderia definir-se não pela atuação direta, ou não, na economia, mas sim pelo comprometimento constitucional com os direitos sociais, pela definição das atribuições do Estado, ainda no tocante à prestação direta dos serviços públicos, quando tais serviços sejam de prestação gratuita e universal, como são saúde, educação e assistência social. Torna-se verdadeiro Estado social e democrático de Direito.

O Estado Constitucional e os direitos fundamentais estabelecem uma relação recíproca, pois esse Estado Constitucional, como a pró-

---

ticipam da definição de novas políticas e instituições e do exercício da responsabilidade social; é um Estado que depende de funcionários governamentais que, embora motivados por interesse próprio, estão também comprometidos com o interesse público; é um Estado com uma capacidade efetiva de reformar instituições e fazer cumprir a lei; é um Estado dotado da legitimidade necessária para taxar os cidadãos a fim de financiar ações coletivas decididas democraticamente; é um Estado que é eficaz e eficiente no desempenho dos papéis dele exigidos. Resumindo, o Estado republicano é um sistema de governo que conta com cidadãos engajados, participando do governo juntamente com os políticos e os servidores públicos". In: *Surgimento do Estado Republicano*. Trabalho apresentado no III Simpósio Internacional sobre Justiça, Porto Alegre, 1-5 de setembro de 2003. Revisado em fevereiro de 2004. Disponível em: <http://www.scielo.br/pdf/ln/n62/a08n62.pdf>. Acesso em: 20 set. 2015.

[131] SUNDFELD, Carlos Ari. *Fundamentos de Direito Público*. 2. ed. São Paulo: Malheiros, 1993, p. 55.

[132] Ainda segundo Sundfeld: "São elementos do conceito de Estado Constitucional e Democrático de Direito: a) criado e regulado por uma Constituição; b) os agentes públicos fundamentais são eleitos e renovados periodicamente pelo povo e respondem pelo cumprimento de seus deveres; c) o poder político é exercido, em parte diretamente pelo povo, em parte por órgãos estatais independentes e harmônicos, que controlam uns aos outros; d) a lei produzida pelo Legislativo é necessariamente observada pelos demais poderes; e) os cidadãos, sendo titulares de direitos, inclusive políticos, podem opô-los ao próprio Estado. Em termos sintéticos, o Estado Democrático de Direito é a soma e o entrelaçamento de: constitucionalismo, república, participação popular direta, separação de poderes, legalidade e direitos (individuais e políticos)". In: SUNDFELD, op. cit., p. 55.

pria nomenclatura já diz, necessita da dependência, funcionalidade e garantia dos direitos fundamentais para ser Estado dotado de preceitos verdadeiramente constitucionais, de tal sorte que os direitos fundamentais, como consequência, requerem para sua efetivação a positivação e normatização, bem como as garantias por parte da própria máquina estatal. Inequívoco o esclarecimento de Sarlet baseado na lição de Schneider, aduzindo que os direitos fundamentais passam a ser considerados, para além de sua função originária de instrumentos de defesa da liberdade individual, elementos da ordem jurídica objetiva, integrando um sistema axiológico que atua como fundamento material de todo ordenamento jurídico do Estado Constitucional.[133]

Apesar da ausência de norma expressa no direito constitucional pátrio qualificando o Estado brasileiro como um Estado social e democrático de Direito (o artigo 1º, *caput*, refere-se apenas aos termos "democrático" e "Direito"), não restam dúvidas – e nisso parece existir um amplo consenso na doutrina – de que nem por isso o princípio fundamental do Estado Social deixou de encontrar guarida em nossa Constituição.[134] E os direitos fundamentais, além de condicionantes formais de validade da ordem jurídica, em decorrência da posição hierárquica superior em que se encontram, também assumem posição de condicionantes materiais, ou seja, passaram a vincular a ordem jurídica pelo prisma do conteúdo de tais direitos, integrando, ao lado da definição da forma de Estado, do sistema de governo e da organização do poder, a essência do Estado Constitucional, inserindo-se, nesse sentido, não apenas parte da Constituição formal, mas também elemento nuclear da Constituição material.

Os direitos fundamentais, por seu teor e significado no núcleo do Estado Constitucional, preconizam a possibilidade de um sistema aberto. Os direitos fundamentais, dentro do ordenamento constitucional, têm o sentido de uma "cláusula aberta", de forma a respaldar o surgimento de "direitos novos" não expressos na Constituição de 1988, mas nela implícitos, seja em decorrência do regime e princípios por ela adotados, ou em virtude de tratados internacionais em que o Brasil seja parte. Tal característica vem reforçada pelo que preconiza o disposto no artigo 5º, § 2º, da Constituição Federal de 1988.[135]

---

[133] SARLET, op. cit., p. 61.

[134] Idem, p. 61-62.

[135] Essa também é a interpretação dada por Maliska acerca da lição de Pereira de Farias (1996) na sua obra *Colisão de Direitos*. No direito comparado, podemos destacar o entendimento equivalente de Vieira de Andrade (1987) em seu livro *Os Direitos Fundamentais na Constituição Portuguesa de 1976*. MALISKA, op. cit., p. 69.

Sarlet advoga o entendimento de que é inviável a sustentação, no direito constitucional pátrio, de uma concepção de que os direitos fundamentais formam um sistema fechado no âmbito da Constituição. Segundo o autor, "se reconhecendo a existência de um sistema dos direitos fundamentais, este necessariamente será, não propriamente um sistema lógico-dedutivo (autônomo e autossuficiente), mas, sim, um sistema aberto e flexível, receptivo a novos conteúdos e desenvolvimentos".[136]

Todo dispositivo da Constituição Federal, especialmente aqueles referentes aos direitos fundamentais, é possuidor de determinado grau de eficácia e aplicabilidade, devido à normatização imposta pelo Poder Constituinte. O principal dispositivo que dá guarida a essa preleção acerca dos direitos fundamentais é o § 1º do artigo 5º da Constituição Federal de 1988, que dispõe que "as normas definidoras dos direitos e garantias fundamentais têm aplicação imediata". É a partir desse artigo que se vislumbra a aplicabilidade das normas constitucionais de direitos fundamentais e sua garantia frente aos atos da Administração Pública.[137]

As normas constitucionais assumem diversas formulações conforme a função que exercem dentro do campo de ação da Constituição, externam-se de acordo com as distintas formas de positivação. Contudo, sem adentrar profundamente nas variadas e diversas classificações das normas constitucionais[138] que permeiam os direitos fundamentais, oportuno para o presente estudo designar apenas as suas generalidades. Devido à variedade considerável de direitos fundamentais outorgados no texto constitucional, as normas constitucionais estão em diversas disposições, diferentes entre si no que tange à técnica de sua positivação no conteúdo da Constituição. Notório que "a carga eficacial será diversa em se tratando de direito fundamental proclamado em normas de natureza eminentemente programática (ou – se preferirmos – de cunho impositivo), ou sob forma de positivação que permita, desde logo, o reconhecimento de direito subjetivo

---

[136] SARLET, op. cit., p. 74.

[137] HUMENHUK, Hewerstton. *O direito à saúde no Brasil e a teoria dos direitos fundamentais.* Jus Navigandi, Teresina, a. 8, n. 227, 20 fev. 2004. Disponível em: <http://jus2.uol.com.br/doutrina/texto.asp?id=4839>. Acesso em: 20 set. 2015.

[138] Para um estudo aprofundado acerca das diferentes classificações, no tocante às técnicas de positivação das normas constitucionais, podem ser consultadas na doutrina, dentre outras, as classificações de: SILVA, José Afonso da. *Aplicabilidade das Normas constitucionais.* 3. ed. São Paulo: Malheiros, 1998; BASTOS, Celso Ribeiro e BRITTO, Carlos Ayres. *Interpretação e aplicabilidade das Normas Constitucionais.* São Paulo: Saraiva, 1982; DINIZ, Maria Helena. *Norma Constitucional e seus Efeitos.* São Paulo: Saraiva, 1989; BARROSO, Luiz Roberto. *O Direito Constitucional e a Efetividade de suas Normas.* 5. ed. Rio de Janeiro: Renovar, 2001.

ao particular titular do direito fundamental".[139] A título de elucidação, Grau explica que as normas programáticas são aquelas que, "ao invés de se definirem em fins concretos a serem alcançados, contêm princípios e programas (tanto de conduta, quanto de organização), bem como princípios relativos a fins a cumprir, existem apenas na esfera constitucional".[140]

Em princípio, os nomeados direitos de defesa delineiam um direito subjetivo individual e colocam-se naquelas situações em que a norma constitucional outorga ao particular uma posição ativa subjetiva, ou seja, um poder jurídico. Seu uso imediato independe de qualquer prestação alheia ou da Administração Pública.[141] Alexy escreve que os direitos de defesa, na sua dimensão jurídico-subjetiva como direitos fundamentais, são agrupados em três categorias, a saber: (i) direitos ao não impedimento de ações por parte do titular do direito; (ii) direitos à não afetação de propriedades e situações jurídicas do titular de direito; e (iii) direitos à não eliminação de posições jurídicas.[142]

Logo, em se tratando de direitos fundamentais de defesa, a presunção em favor da aplicabilidade imediata e a máxima da maior eficácia possível devem prevalecer, não apenas autorizando, mas impondo à Administração Pública e, por conseguinte, aos juízes e Tribunais que apliquem as respectivas normas aos casos concretos. Essa exegese viabiliza o pleno exercício desses direitos (inclusive como direitos subjetivos), outorgando-lhes, portanto, sua plenitude eficacial e, consequentemente, sua efetividade.[143]

Contudo, o mesmo não acontece com os nomeados direitos a prestações, uma vez que esses direitos de cunho prestacional, muitos deles positivados a partir de normas programáticas, necessitam, em princípio, de interposição do legislador para atuação e execução por parte da Administração Pública, para que sejam permeados de aplicabilidade e eficácia plena. É imperiosa, portanto, a análise da abrangência da norma disposta no artigo 5º, § 1º, da Constituição Federal de 1988, pois é resultado de diferentes influências, expelidas por outras cartas constitucionais sobre o constituinte pátrio. Essas influências foram exercidas principalmente pelo artigo 18/1 da Consti-

---

[139] SARLET, op. cit., p. 233.

[140] GRAU, Eros Roberto. *A ordem econômica na constituição de 1988.* 4. ed. São Paulo: Malheiros, 1988, p. 130.

[141] BARROSO, op. cit., p. 106.

[142] Idem, p. 96.

[143] SARLET, op. cit., p. 254.

tuição portuguesa e pelo artigo 1º, inciso III, da Lei Fundamental da Alemanha.[144]

Ao analisar o alcance e o significado da norma do artigo 5º, § 1º, da Lei Maior de 1988, Maliska assevera que "quanto à questão de que o dispositivo estaria reduzido às normas do art. 5º, tal entendimento pode ser afastado pela simples interpretação literal da norma, que refere a 'direitos e garantias fundamentais'".[145] A localização da norma não pode servir de escolha para fundamentar tal entendimento que venha a restringir direitos fundamentais. Para o autor, uma interpretação sistemática e teleológica conduzirá aos mesmos resultados, "uma vez que ao utilizar a expressão 'direitos e garantias fundamentais', o constituinte buscou atingir a totalidade das normas do Título II, o que inclui também os direitos políticos, de nacionalidade e os direitos sociais e não apenas os direitos e garantias individuais e coletivos".[146]

Mas há certa divergência no seio da doutrina jurídico-constitucional brasileira; a saber, o alcance da expressão "aplicação imediata dos direitos e garantias fundamentais". Nesse sentido, a norma em evidência não pode atentar contra a natureza das coisas a tal ponto que relativa parte dos direitos fundamentais alcançaria sua eficácia nos termos e na medida da lei.[147] Grau escreve que aplicar o direito é dotá-lo de efetividade: "Dizer que um direito é imediatamente aplicável é afirmar que o preceito no qual é inscrito é autossuficiente, que tal preceito não reclama – porque dele independe – qualquer ato legislativo ou administrativo que anteceda a decisão na qual se consume a sua efetividade".[148] Nota-se que o mandamento é imediatamente aplicável e vincula, em última instância, o Poder Judiciário. Caso seja negada a aplicação pela Administração Pública, pelo Legislativo ou pelos particulares, cumpre ao Poder Judiciário decidir pela imposição de sua pronta efetivação.

Logo, o Poder Judiciário tem a função de garantir e reproduzir o direito, além de produzir, baseado nos princípios jurídicos. Essa

---

[144] Escreve Sarlet, que essas influências exercidas sobre o nosso constituinte para designar o artigo 5º, § 1º, da Constituição Federal de 1988, tanto na doutrina nacional quanto no direito comparado (não obstante de forma menos acentuada), ainda não pressupõem um patamar de consenso no que tange ao significado e efetivo alcance do referido artigo citado acima. Assim, este passou a configurar o teor de temas controversos na seara do Direito Constitucional. SARLET, op. cit., p. 235. Nesse sentido, PIOVESAN, Flávia. *Direitos Humanos e o Direito Constitucional Internacional*. 2. ed. São Paulo: Max Limonad, 1997, p. 63.

[145] MALISKA, op. cit., p. 106.

[146] Idem, ibidem.

[147] SARLET, op. cit, p. 254.

[148] GRAU, op. cit., p. 303.

produção do direito não quer dizer que o Judiciário assuma a função legislativa, todavia, tem por objetivo assegurar a pronta garantia e execução do direito, fundamentado na *Lex Suprema*. Tal designação não viola o princípio da separação dos Poderes porque, segundo o autor, o Legislativo tem o monopólio do exercício da função legislativa, e não da função normativa.[149]

Isso posto, a referida norma do § 1º do artigo 5º da Constituição Federal é dotada de vigência e eficácia jurídica.[150] Essa norma assevera a aplicabilidade imediata dos direitos fundamentais, exprimindo uma função vinculante, norteadora e referencial das atividades administrativas, tanto pelos seus agentes, quanto pelos seus órgãos estatais, estando estes obrigados formal e materialmente, haja vista a indisponibilidade dos Poderes Públicos em relação a esses direitos.

No que concerne aos direitos fundamentais prestacionais, devido ao maior grau de responsabilidade do Estado Constitucional no ordenamento jurídico, possuem sua exegese externada de forma diversa dos direitos fundamentais de defesa, no que tange a sua aplicabilidade e posterior efetivação. Conforme lição de Canotilho, "a força dirigente e determinante dos direitos a prestações (econômicos, sociais e culturais) inverte, desde logo, o objeto clássico da pretensão jurídica fundada num direito subjetivo". Para o autor, a inversão ocorre "de uma pretensão de omissão dos poderes públicos (direito a exigir que o Estado se abstenha de intervir nos direitos, liberdades e garantias) para uma proibição de omissão (direito a exigir que o Estado intervenha activamente no sentido de assegurar prestações aos cidadãos)".[151]

Ainda segundo o constitucionalista lusitano, na seara dos direitos fundamentais a prestações, a Constituição dirigente se consubstancia a um máximo de "desejabilidade constitucional" de direitos prestacionais sociais, que passa a se relacionar genericamente, com uma interposição do legislador necessária, derivada da subordinação de uma efetividade constitucional para sua consecução.[152] Essa *interposito* do legislador visa a ser uma forma de assegurar que os direitos prestacionais tenham a referida aplicabilidade imediata, e a sua carga

---

[149] GRAU, op. cit., p. 303-304.

[150] Segundo Grau, baseado nas obras de Antoine Jeammaud e Oscar Correas, a eficácia jurídica, "quando realizada a conformidade de uma situação jurídica concreta ao modelo que constitui a norma (reconhecimento efetivo, a determinado sujeito, de que beneficia, segundo a lei, por um direito, visto que cumpridos os requisitos prévios para tanto, nela estabelecidos); ou [...] quando tiver sido produzida a norma individual que interpreta ou atualiza a norma aplicada". GRAU, op. cit., p. 319.

[151] CANOTILHO, op. cit., p. 365.

[152] Idem, p. 365-366.

eficacial seja a máxima possível, vinculando a atividade da Administração Pública, conforme a vontade do constituinte.

Os direitos fundamentais de cunho prestacional passam a ter certa peculiaridade devido ao seu grau de aplicabilidade imediata e eficácia plena alcançável. De acordo com Clève, as normas constitucionais que possuem uma eficácia jurídica de vinculação, e estas, quando assumem uma dimensão positiva, "condicionam o legislador, reclamando a concretização (realização) de suas imposições; se nem sempre podem autorizar a substituição do legislador pelo juiz, podem, por vezes, autorizar o desencadear de medidas jurídicas ou políticas voltadas para a cobrança do implemento, pelo legislador".[153]

O artigo 5º, § 1º, da Constituição Federal de 1988 revela em sua normatividade uma imposição aos poderes públicos de alicerçar a eficácia máxima e imediata factível aos direitos fundamentais. Piovesan escreve que "este princípio intenta assegurar a força dirigente e vinculante dos direitos e garantias de cunho fundamental".[154] Sarlet exprime a mesma compreensão, designando a norma do § 1º do artigo 5º como uma espécie de mandado de otimização (maximização).[155] É pontual a lição de Alexy quando assevera que os direitos fundamentais, como princípios, são mandamentos de otimização. Como mandamentos de otimização, princípios são normas que ordenam que algo seja realizado, relativamente às possibilidades fáticas e jurídicas, em medida tão alta quanto possível.[156]

Os direitos fundamentais, notórios pela sua vinculação ao Estado Constitucional, incluindo nesse aspecto a sua aplicabilidade imediata, também exercem nas relações jurídico-privadas a chamada eficácia horizontal. A eficácia horizontal dos direitos fundamentais é a eficácia em relação a terceiros, que, segundo Canotilho, "deixam de ser apenas efeitos verticais perante o Estado para passarem a ser efeitos horizontais perante entidades privadas".[157] A origem histórica da aplicabilidade dos direitos fundamentais frente aos particulares remonta o julgamento do caso Lüth pela Corte Constitucional alemã,[158] na dé-

---

[153] CLÈVE, Clèmerson Merlin. M. *A Fiscalização Abstrata da Constitucionalidade no Direito Brasileiro*. 2. ed. São Paulo: Revista dos Tribunais, 2000, p. 320-321.

[154] PIOVESAN, op. cit., p. 64.

[155] SARLET, op. cit.

[156] ALEXY, op. cit., p. 339.

[157] CANOTILHO, op. cit., p. 1206.

[158] "Em 1950, o Presidente do Clube de Imprensa de Hamburgo, Erich Lüth, levantou um boicote contra o filme Unsterbliche Geliebte, do diretor Veit Harlan, desenvolvido em pleno nazismo. Harlan obteve decisão favorável do Tribunal Estadual de Hamburgo, com base no § 826 do Código Civil Alemão (BGB), o qual determinou que Lüth parasse de conclamar o boicote contra o tal filme. Lüth então interpôs recurso constitucional (*Verfassungsbeschwerde*) perante a Corte

cada de 1950. A decisão proferida nesse julgamento deixou como herança a possibilidade de os particulares assumirem o polo passivo dos direitos fundamentais, além do Estado.

O Estado e o Direito assumem novas funções promocionais, e consolida-se o entendimento de que os direitos fundamentais não devem "limitar o seu raio de ação às relações políticas, entre governantes e governados, incidindo também em outros campos, como o mercado, as relações de trabalho e a família".[159]

No próprio Direito lusitano, a Constituição portuguesa versa, em seu artigo 18/1, as normas consagradoras de direitos, liberdades e garantias e de direitos análogos na ordem jurídico-privada. Isso suscita uma exegese de como se concretiza essa eficácia horizontal, bem como de que forma ela se exprime.[160] Em um período preliminar, seria possível afirmar que, sendo o Estado Constitucional amparado não somente pelo poder estatal, mas pela ordem da comunidade, os direitos fundamentais estão inseridos na comunidade e dela exigem respeito aos seus preceitos.[161] Nesse sentido, a chamada eficácia horizontal não seria mais do que um desdobramento dos direitos fundamentais, na medida em que não são apenas dirigidos ao Estado Constitucional, mas também à comunidade como um todo.

Para eficácia horizontal dos direitos fundamentais, Canotilho sugere a análise de duas teorias: teoria da eficácia direta ou imediata, em que "os direitos, liberdades e garantias e os direitos análogos aplicam-se obrigatória e diretamente no comércio jurídico entre as entidades privadas (individuais e coletivas)"; teoria da eficácia indireta ou mediata, em que os direitos, liberdades e garantias teriam uma "eficácia indireta nas relações privadas, pois a sua vinculatividade exercer-se-ia *prima facie* sobre o legislador, que seria obrigado a conformar as referidas relações obedecendo aos princípios materiais positivados nas normas de direito, liberdades e garantias".[162]

Constitucional Alemã, sendo procedente tal recurso. A Corte proclamou em sua decisão que 'as decisões de tribunais civis, com base em leis gerais de natureza privada, podem lesar o direito de livre manifestação de opinião consagrado no artigo 5, 1, da Lei Fundamental'. Segundo a decisão, os tribunais ordinários estariam vinculados aos direitos fundamentais em face dos bens juridicamente tutelados pelas leis gerais, por meio de um juízo de ponderação. A Corte Alemã entendeu que o Tribunal Estadual de Hamburgo teria desconsiderado o direito fundamental de livre manifestação de opinião, mesmo que em confronto com interesses privados" (trecho do julgamento, no STF, do RE n. 201.819-8, Rel. Min. Ellen Gracie, DJU, Brasília, 27 out. 2006).

[159] SARMENTO, op. cit., p. 323.
[160] CANOTILHO, op. cit., p. 1205.
[161] MALISKA, op. cit., p. 119.
[162] CANOTILHO, op. cit., p. 593.

A forma como se dá a vinculação da eficácia horizontal é o ponto mais controvertido perante a doutrina, designado por aqueles que se filiam na tese da vinculação mediata (indireta) e os que advogam uma eficácia imediata (indireta). Sobre a divergência, Sarlet escreve que, conforme a primeira corrente, "pode ser reconduzida às formulações paradigmáticas do publicista alemão Dürig, os direitos fundamentais – precipuamente direitos de defesa contra o Estado". Somente haveria a aplicação no âmbito das relações horizontais "após um processo de transmutação, caracterizado pela aplicação, interpretação e integração das cláusulas gerais e conceitos indeterminados do direito privado à luz dos direitos fundamentais".[163]

Entretanto, para uma segunda corrente, tendo como origem as lições de Nipperdey e Leisner, essa possibilidade de vincular diretamente os particulares aos direitos fundamentais "encontra respaldo no argumento de acordo com o qual, em virtude de os direitos fundamentais constituírem normas de valor válidas para toda a ordem jurídica (princípio da unidade da ordem jurídica) e da força normativa da Constituição, não se pode aceitar que o direito privado venha a formar uma espécie de gueto à margem da ordem constitucional".[164]

Destarte, há um entendimento equivalente e igualitário de que os direitos fundamentais e sua eficácia horizontal, quando no caso de desigualdades externadas por um maior ou menor poder social, "razão pela qual não se podem ser toleradas discriminações ou agressões à liberdade individual que atentem contra o conteúdo em dignidade da pessoa humana dos direitos fundamentais, zelando-se, de qualquer modo, pelo equilíbrio entre estes valores e os princípios da autonomia privada e da liberdade negocial e geral".[165]

Nas relações jurídicas entre os sujeitos privados, Alexy escreve que o efeito imediato em relação a terceiro não se pode compreender os direitos frente ao Estado Constitucional, sejam ao mesmo tempo direitos do cidadão frente a outros cidadãos.[166] Muito menos se deve asseverar um reflexo imediato em terceiro, alterando de forma objetiva o destinatário dos direitos frente ao poder estatal. Parte dessa premissa é a de que nas relações entre cidadãos existe uma força de efeito diferente em relação àquela existente na relação do Estado com o cidadão. Essa diferença é acentuada porquanto ambos os cidadãos privados são titulares de direitos fundamentais.

---

[163] SARLET, op. cit., p. 336.

[164] Nesse sentido, VIEIRA DE ANDRADE, José Carlos. *Os Direitos Fundamentais na Constituição Portuguesa de 1976*. Coimbra: Almedina, 1987, p. 276-278.

[165] SARLET, op. cit., p. 336.

[166] ALEXY, op. cit., p. 520.

Acerca dos parâmetros dos direitos fundamentais nas relações privadas, pode-se dizer que existem, entre os cidadãos, direitos e não direitos e liberdades e não liberdades. Independente de qual forma ou teoria, seja imediata ou mediata, dá-se a vinculação de terceiros em relação aos direitos fundamentais, chega-se à conclusão de que o direito privado e as normas constitucionais não devem ser distantes. Há necessidade de um processo contínuo para que, quando se aplica uma norma de direito privado, também se aplique uma norma constitucional. A eficácia horizontal dos direitos fundamentais deve estar consubstanciada na convergência com o direito privado e vice-versa.[167] E num eventual conflito de uma norma de direito fundamental e um princípio de autonomia privada, delineia uma interpretação tópica, mediante determinadas análises de casos concretos. Ao ser tratada de forma equânime às situações de uma pressuposta colisão de direitos fundamentais de vários titulares, busca-se uma solução do conflito de normas por meio da ponderação de valores em pauta, a fim de construir um equilíbrio e concordância prática, de modo a não sacrificar ou anular por completo um dos direitos fundamentais, mantendo, outrossim, cada um dos direitos dentro do possível.[168]

É possível ainda verificar que a eficácia dos direitos fundamentais na esfera privada também pode ser suscitada pela intervenção estatal por meio de uma legitimação dotada de princípios constitucionais. Maliska cita três grandes núcleos de atividades privadas. O primeiro seriam "aquelas em que a autonomia privada pode ser exercida livremente (as partes estão em posição de igualdade), constituindo um núcleo inabalável, e em geral, vinculada ao direito civil, ainda que o conteúdo público nesta área seja crescente", o que normalmente é verificado em áreas como o Código de Defesa do Consumidor. O segundo núcleo seriam "as atividades particulares em que a ordem pública é reconhecida como são, por exemplo, o direito do trabalho e os campos de direito civil acima referidos". Entende o autor que "nas áreas em que o Estado reconhece a desigualdade entre particulares e, em virtude dessa desigualdade, regula as relações contratuais, não há menor dúvida de que os direitos fundamentais sejam aplicáveis, o que se faz possível, até mesmo, em razão da intervenção do Estado". Já o terceiro núcleo seriam "as atividades particulares exercidas por autorização do Estado, assim como as organizações hospitalares, os estabelecimentos bancários e as instituições de ensino, por exemplo".[169]

---

[167] SARLET, op. cit., p. 337.

[168] CAUPERS, João. *Os Direitos Fundamentais dos Trabalhadores e a Constituição*. Coimbra: Almedina, 1985, p. 170-171.

[169] MALISKA, op. cit., p. 131-132.

As normas de direito privado não podem desencadear uma afronta ao conteúdo dos direitos fundamentais, "impondo-se uma interpretação das normas privadas (infraconstitucionais) conforme os parâmetros axiológicos contidos nas normas de direitos fundamentais, o que habitualmente ocorre quando se trata de aplicar conceitos indeterminados e cláusulas gerais de direito privado".[170] Nesse ponto, as relações privadas possuem características específicas, havendo necessidade de se ponderar os direitos fundamentais com a autonomia da vontade em jogo, a fim de alcançar um denominador comum com base no princípio da proporcionalidade.[171]

Deve haver uma compatibilização entre os direitos fundamentais e a autonomia privada, aplicando-se o princípio da proporcionalidade. No caso de haver conflito entre direitos fundamentais e a autonomia privada, deve-se analisar se a restrição ao direito fundamental é "adequada, necessária e proporcional em sentido estrito", a fim de otimizar uma maior ou menor proteção a esses direitos nas relações entre particulares.[172]

De todo modo, o Poder Judiciário, em última instância, é atingido pelos institutos processuais adequados que obrigam a fornecer a efetividade pretendida e determinada pela Constituição Federal de 1988 aos direitos de cunho fundamental, haja vista que estes possuem vinculação imediata por conta da sistemática adotada na Lei Maior.[173]

2.2. As perspectivas objetiva e subjetiva dos direitos fundamentais

A exegese dos direitos fundamentais, sobre uma perspectiva objetiva e outra subjetiva, revela, no âmbito da dogmática constitucional, uma moderna temática acerca do assunto. Essa temática pode ser apreciada a partir do momento em que se busca compreender os direitos fundamentais como direitos subjetivos individuais, bem como elementos objetivos fundamentais na esfera de uma comunidade. Antes

---

[170] SARLET, op. cit., p. 339.

[171] SILVA, Virgílio Afonso da. *A constitucionalização do direito: os direitos fundamentais nas relações entre particulares*. São Paulo: Malheiros, 2005, p. 87.

[172] STEINMETZ, Wilson Antônio. *Colisão de Direitos Fundamentais e o Princípio da Proporcionalidade*. Porto Alegre: Livraria do Advogado, 2001, p. 216.

[173] Essa é a interpretação de Grau, em consonância com a lição de Clève, sobre a imediata vinculação dos direitos fundamentais aos institutos do Mandado de Injunção e da Ação Direta de Inconstitucionalidade por Omissão. In: GRAU, Eros Roberto. *A ordem econômica na constituição de 1988*. 4. ed. São Paulo: Malheiros, 1988; e CLÈVE, Clèmerson Mèrlin. M. *A Fiscalização Abstrata da Constitucionalidade no Direito Brasileiro*. 2. ed. São Paulo: Revista dos Tribunais, 2000.

de aprofundamento acerca das perspectivas objetiva e subjetiva, oportuna a caracterização dos direitos fundamentais como um sistema aberto e flexível, de modo a ensejar a sua correta compreensão.

Os direitos fundamentais, por seu patamar de inserção e posição de destaque nas cartas constitucionais, preconizam a possibilidade de um sistema aberto, a fim de designar sua perspectiva nos planos objetivo e subjetivo. Nesse óbice, surge a problemática de que maneira esse sistema se insere nos textos constitucionais vigentes e como se externa a interpretação e concepção dos direitos de cunho fundamental. Adentra-se, pois, no campo filosófico e na hermenêutica contemporânea de métodos de interpretação no campo constitucional, demonstrando o contraste existente entre o método tópico e o método sistemático, bem como o grau de equilíbrio entre as duas formas de pensar e a sua interação com a ideia de um sistema aberto.[174]

O método tópico surgiu com um intuito renovador da hermenêutica atual no campo jurídico, e o responsável por esse caminho cognitivo é Theodor Viehweg,[175] que com sua obra gerou polêmicas reflexões na esfera do Direito, do Estado e da Constituição. A exaustão posterior do positivismo racionalista, em consonância com a incredulidade generalizada em suas soluções, "fez inevitável a ressurreição da tópica como método".[176]

Quando se fala em um sistema aberto a regras e princípios para a Constituição, é um sistema aberto decorrente de estrutura dialógica, traduzida na disponibilidade e capacidade de aprendizagem das normas constitucionais para captarem a mudança de realidade e estarem abertas a concepções cambiantes da verdade e da justiça.[177] Deve-se refletir o texto constitucional como verdadeira e constante busca, a partir da ideia de que não está pronto e acabado, mas em vias de ser construído, de modo que a interação do texto com a realidade possa ser efetiva e garantir a sua supremacia e sua força normativa.

---

[174] É o ensinamento de Maliska, em trabalho sobre a influência da tópica na interpretação constitucional, no qual o referido autor, após discorrer sobre a tópica Aristotélica, os pensamentos de Descartes e Vico, analisa a obra de Viehweg com as críticas de Canaris, abordando a tópica e a ideia de um sistema aberto na interpretação constitucional contemporânea. In: MALISKA, Marcos. *A Influência da Tópica na Interpretação Constitucional*. Direto em Revista. Faculdade de Direito de Francisco Beltrão. vol. 4. n. 7, maio 2005. Francisco Beltrão: Grafit, 2005, p. 42 e ss.

[175] Theodor Viehweg caracterizou a tópica como uma "técnica de pensar o problema", ou seja, aquela "técnica mental que se orienta para o problema". In: VIEHWEG, Theodor. *Tópica e Jurisprudência*. Tradução portuguesa por Tércio Sampaio Ferraz Jr. Brasília: Ministério da Justiça em coedição com EdUNB, 1979, p. 167.

[176] BONAVIDES, op. cit., p. 447-448.

[177] VIEHWEG, Theodor. *Tópica e Jurisprudência*. Tradução portuguesa por Tércio Sampaio Ferraz Jr. Brasília: Ministério da Justiça em coedição com EdUNB, 1979, p. 167.

A operação de ligamento entre a realidade, ou seja, os conflitos e os problemas, e a norma acaba por designar a tópica, que funciona como uma maneira de solucionar o caso, consubstanciando o escopo da interação entre o sistema e a regulação do caso. Se o pensamento sistêmico constitui-se em um pensamento "lógico-dedutivo", a tópica vem a ser o contraste na terminologia usada por Schneider, que idealiza a distinção entre elementos "cognitivos e volitivos" do conhecimento jurídico.[178] "O volitivo é um instrumento do método tópico, e o cognitivo, um dado característico da inquirição dedutiva, lógica e sistemática".[179]

Definindo o sistema jurídico como "ordem axiológica ou teleológica de princípios jurídicos gerais", Canaris prescreve que o sistema não é fechado, mas antes aberto, e vale tanto para o sistema científico (sistema de proposições doutrinárias) quanto para o sistema objetivo (sistema da ordem jurídica).[180] Aprofundando o pensamento de Canaris, a abertura do sistema jurídico não contradita a aplicabilidade do pensamento sistemático na ciência do Direito. "Ela partilha a abertura do <sistema científico> com todas as outras ciências, pois enquanto no domínio respectivo ainda for possível um processo no conhecimento, e, portanto, o trabalho científico fizer sentido, nenhum desses sistemas pode ser mais do que um projecto transitório".[181] Continua ainda o autor que a "abertura do 'sistema objectivo' é, pelo contrário, possivelmente, uma especialidade da Ciência do Direito, pois ela resulta logo do seu objecto, designadamente, da essência do direito como fenómeno situado no processo da história e, por isso, mutável".[182]

Apesar de Canaris, preocupado com a metodologia do Direito, externar suas críticas a Viehweg sobre um sistema tópico, este tem por base sua inclinação a uma visão sistemática da ciência jurídica. Nem por isso, Canaris abandona de todo a tópica como método. Proclama-lhe um papel secundário de utilidade, como um instrumento auxiliar na possibilidade do uso da tópica em determinados casos de lacuna da lei, cujo preenchimento se torne quase insustentável pela ausência plena de valorações no direito positivo, bem como nas situações de expiações legislativas para o senso comum (*common sense*) e em casos de equidade.[183]

Contudo, se considerar o sistema jurídico como um sistema aberto e normativo de regras e princípios, dever-se-á prestigiar a tópica numa

---

[178] MALISKA, op. cit., p. 51.

[179] BONAVIDES, op. cit., p. 448.

[180] CANARIS, Claus Wilhelm. *Pensamento Sistemático e conceito de sistema na ciência do Direito*. Tradução portuguesa. Lisboa: Fundação Calouste Gulbenkian, 1989, p. 281.

[181] CANARIS, op. cit., p. 281.

[182] Idem, p. 281.

[183] BONAVIDES, op. cit., p. 451.

posição de destaque, especialmente na hermenêutica constitucional, pela função democrática, e também quando as normas são de conteúdo aberto e sua interpretação é vasta. Nesse sentido, a Constituição se mostra o instrumento ideal para interação com o método tópico em face de constituir dinâmica estrutural aberta, ainda mais se considerar seus valores pluralistas. Bonavides escreve que dificilmente uma carta constitucional preenche aquela função de ordem e unidade, que faz possível o sistema se revelar compatível com o dedutismo metodológico.[184] A essência da tópica como a construção de um método vem a ser "pensar o problema". A tópica não vai na contramão da lógica, é um novo estilo de argumentação. Com a tópica, segundo Bonavides, "a norma e o sistema perdem o primado. Tornam-se meros pontos de vista ou simples *topoi*, cedendo lugar à hegemonia do problema, eixo fundamental da operação interpretativa".[185] Definindo-se as principais características da ideia de sistema, ou seja, unidade (vários pontos de referências centrais) e ordem (uma conexão sem hiatos, com a compatibilidade lógica de todos os enunciados), não afastam e, até mesmo, não são incompatíveis com o pensamento tópico. Isso porque, como sistema aberto, suas normas necessitam interagir com a realidade, de maneira que, por si só, não abarquem todas as possibilidades fáticas.[186]

Outra posição que merece ser destacada é no sentido de que quando se fala na interação e uniformidade dos métodos tópico e sistemático, é mister que se faça referência aos limites da tópica em relação ao sistema normativo. É nesse sentido que são inculcadas as principais críticas ao método tópico. Essas críticas se dirigem ao fato de que a tópica colocaria a "lei com um *topos* qualquer, de modo que as discussões ultrapassariam os limites legais [...] a tópica aplicada a interpretação jurídica e, em especial, à interpretação constitucional, nas discussões dos pontos de vista, devem ter a norma como principal condição de argumentação".[187] Seria assim a norma, em último caso, o limite da tópica.[188]

---

[184] BONAVIDES, op. cit., p. 452.

[185] Idem, p. 452-453.

[186] Maliska ressalta a possibilidade de que a "solução do problema necessita tanto de um sistema que dê sustentabilidade por demonstração da decisão, ou seja, que acabe por demonstrar àquele que ficou em pior situação de que a decisão teria de ser esta porque o sistema assim definiu, como ao mesmo tempo, para que a decisão ofertada pelo sistema se mantenha legítima em todos seus fundamentos, seja confrontada com os vários pontos de vista e com os *topos* de argumentação, de maneira a possibilitar conteúdo substancial à decisão". In: *A Influência da Tópica na Interpretação Constitucional*. Direto em Revista. Faculdade de Direito de Francisco Beltrão. vol. 4. n. 7, maio 2005. Francisco Beltrão: Grafit, 2005, p. 55 e ss.

[187] Idem, p. 63.

[188] Nesse sentido, os limites da tópica se encontram já na sua função instrumental. Ela é uma técnica que simplesmente ajuda a descobrir conhecimentos e interrogações que podem, em cada caso, desempenhar determinado papel, sem, contudo, por si mesma – como simples técnica de debate – oferecer sozinha o suficiente fundamento da solução. In: BONAVIDES, op. cit., p. 449.

A Constituição, consubstanciada por um sistema aberto, condiciona uma interpretação também aberta, designando dessa forma várias considerações e pontos de vista para colaborar com a solução do caso concreto. E a metodologia tópica participa desse processo, fazendo com que a Constituição perca, até certo ponto, o caráter reverencial que o formalismo clássico lhe conferira. Bonavides explica que "a tópica abre tantas janelas para a realidade circunjacente que o aspecto material da Constituição, tornando-se, quer queira quer não, o elemento predominante, tende a absorver por inteiro o aspecto formal".[189]

Buscando a interação dos pensamentos tópico e sistemático, chega-se à conclusão de que essa junção de métodos designa os direitos fundamentais como principal instrumento dessa exegese. Nos dizeres de Hesse, "os direitos fundamentais, ainda que reunidos em um catálogo, constituem garantias pontuais, de maneira que não estão reduzidos a um sistema fechado, taxativo".[190] Assim, a tópica, proveniente da reação ao positivismo jurídico clássico, representa o cerne da hermenêutica contemporânea, conferindo também um grau de extrema relevância e essencialidade na interpretação constitucional, especialmente nos direitos fundamentais como sistema aberto. Portanto, os direitos fundamentais encontram na tópica e na ideia de sistema aberto a possibilidade de uma adequada concretização de seus preceitos. Vincula-se, pois, à noção de sistema aberto envolto em outra discussão, a fundamentalidade de tais direitos na dignidade da pessoa humana.[191]

O princípio da dignidade humana, por exemplo, possui o sentido de uma cláusula aberta, de forma a respaldar o surgimento de direitos novos não expressos nos textos constitucionais, mas neles implícitos, seja em decorrência do regime e princípios por eles adotados. Desse modo, conclui-se que não há incompatibilidade entre a concepção dos direitos fundamentais como um sistema aberto e flexível e a sua fundamentalidade no princípio da dignidade humana, ainda que tal entendimento possa criar embaraços à adequada compreensão da abertura do catálogo dos direitos fundamentais previstos nos textos

---

[189] BONAVIDES, op. cit., p. 453.

[190] HESSE, Konrad. *Elementos de Direito Constitucional da República Federal da Alemanha*. Porto Alegre: Fabris, 1998, p. 244.

[191] A título de discussão periférica, mas não menos importante, ao descrever sobre os sistemas de direitos fundamentais e sua interligação com a dignidade humana e o direito geral de liberdade, Alexy critica o sistema de valores e pretensões (1º a dignidade humana, 2º o direito geral de liberdade como principal direito de liberdade e o direito geral de igualdade como principal direito de igualdade, por fim o 3º, que é o direito de liberdade e igualdade específicos), dizendo que ele não pode ser fechado, pois existem direitos a prestações fáticas que não foram contemplados. Assim, em um sistema dedutivo, é obrigatório que a dignidade humana seja respeitada e protegida. ALEXY, op. cit., p. 374.

constitucionais. Sarlet advoga o entendimento de que é inviável a sustentação, no Direito Constitucional pátrio, de uma concepção de que os direitos fundamentais formam um sistema fechado no âmbito da Constituição. "Se reconhecendo a existência de um sistema dos direitos fundamentais, este necessariamente será, não propriamente um sistema lógico-dedutivo (autônomo e autossuficiente), mas, sim, um sistema aberto e flexível, receptivo a novos conteúdos e desenvolvimentos".[192]

Para Honneth, a forma como as constantes ampliações dos direitos fundamentais vem acontecendo reforça a ideia de que "todo enriquecimento das atribuições jurídicas dos indivíduos pode ser entendido como um passo além no cumprimento da concepção moral, segundo a qual todos os membros da sociedade devem poder ter assentido por discernimento racional à ordem jurídica estabelecida".[193] A ampliação dos direitos fundamentais, a partir da institucionalização dos direitos civis e a evolução da geração desses direitos, na visão de Honneth, representa que o indivíduo não precisa apenas de proteção jurídica contra intervenções na sua esfera de liberdade, mas também o direito assegurado de participação no processo público de formação da vontade, da qual ele usufrui a partir da dignidade da pessoa humana.[194] Segundo Sarlet, a dignidade também é "qualidade intrínseca e distintiva reconhecida em cada ser humano que o faz merecedor do mesmo respeito e consideração por parte do Estado e da comunidade".[195]

A ideia de um catálogo ou geração de direitos fundamentais consagrados no texto constitucional, seja de forma explícita, seja implícita, acaba por desencadear um sistema aberto flexível, amparando o surgimento de novos direitos fundamentais, que, por sua vez, se interligam e dialogam diretamente com as demais gerações de direitos fundamentais, não havendo, pois, a necessidade de expansão meramente teórica de novas gerações de direitos, se a moderna hermenêutica constitucional assim conferir a efetividade desejada.

Portanto, referenciado em um sistema aberto e flexível, não se presume aqui partir do corolário de que alguns direitos fundamentais são objetivos e outros são subjetivos. Necessário designar que um mesmo direito fundamental pode assumir um panorama subjetivo e objetivo. O direito à liberdade de expressão, "pode assumir um caráter subjetivo quando estiver em causa a importância desta norma para

---

[192] SARLET, op. cit, p. 74-75.
[193] HONNETH, op. cit., p. 192.
[194] Idem, p. 192.
[195] SARLET, op. cit., p. 36-37.

o indivíduo, para o desenvolvimento da sua personalidade, para os seus interesses e ideias".[196]

Pode também assumir uma perspectiva objetiva, ou seja, "uma 'função objetiva', no sentido de um 'valor geral', uma dimensão objetiva para a vida comunitária (liberdade institucional)". A dimensão objetiva dos direitos fundamentais reforça a dimensão subjetiva desses direitos na medida em que irradiam todo o sistema jurídico.[197] Essa dupla dimensão dos direitos fundamentais garante ainda a inserção de novos direitos fundamentais no Estado Constitucional.

Escreve Canotilho que uma base subjetiva se contempla quando se refere à importância ou "à relevância da norma consagradora de um direito fundamental para o indivíduo, para os seus interesses, para a sua situação de vida, para sua liberdade".[198] A dimensão subjetiva de um direito fundamental tem a ver com a pretensão de um cidadão ou de um grupo de requerer do Estado uma atividade ou uma omissão para o reconhecimento e a proteção de um determinado interesse ou bem. Contudo, quando se pensa no seio da coletividade, do interesse público, trata-se de uma fundamentação objetiva de norma consagradora da vivência comunitária.

A perspectiva jurídico-objetiva dos direitos fundamentais significa que a norma que "prevê direitos subjetivos é outorgada função autónoma, que transcende esta perspectiva subjetiva, e que, além disso, desemboca no reconhecimento de conteúdos normativos e, portanto, de funções distintas aos direitos fundamentais".[199] Mendes anota que na sua dimensão objetiva, os direitos fundamentais são identificados como um conjunto de valores objetivos básicos e fins diretivos da atuação positiva do Estado, ou seja, elementos essenciais da ordem objetiva constitucional, formando a base do ordenamento jurídico de um Estado Constitucional.[200]

---

[196] MALISKA, op. cit., p. 100.

[197] DE MARCO, Cristhian Magnus. *O direito fundamental à cidade sustentável e os desafios de sua eficácia*. Saarbrücken: Novas Edições Acadêmicas, 2014, p. 360.

[198] O autor lusitano também expressa o seguinte exemplo: "quando se consagra o art. 37º/1 da Constituição da República Portuguesa o 'direito de exprimir e divulgar livremente o seu pensamento pela palavra, pela imagem ou por qualquer outro meio', verificar-se-á um fundamento *subjetivo* ou *individual* se estiver em causa a importância desta norma para o indivíduo". In: CANOTILHO, José Joaquim Gomes. *Direito Constitucional e Teoria da Constituição*. 3. ed. Coimbra: Almedina, 1999, p. 1.178.

[199] Também é o entendimento no direito lusitano de Vieira de Andrade. In: VIEIRA DE ANDRADE, José Carlos. *Os Direitos Fundamentais na Constituição Portuguesa de 1976*. Coimbra: Almedina, 1987, p. 143.

[200] MENDES, Gilmar Ferreira. Os Direitos Individuais e suas Limitações: Breves Reflexões. In: MENDES, Gilmar Ferreira; COELHO, Inocêncio Mártires; BRANCO, Paulo Gustavo Gonet Branco. *Hermenêutica constitucional e os direitos fundamentais*. Brasília: Brasília Jurídica, 2000, p. 199.

A eficácia dos direitos subjetivos deve externar uma norma de direito objetivo que lhes proporcione força para essa requerida eficácia. Logo, a perspectiva objetiva dos direitos fundamentais (voltados à comunidade, à coletividade) não é considerada como o lado avesso dos direitos subjetivos (inerentes ao indivíduo), ambas possuem perspectivas diversas.

Partindo do pressuposto de que os direitos subjetivos individuais estão vinculados, de certa maneira, à aprovação pela comunidade em que estão inseridos, não podendo ser dissociados, há que se ter em mente, nesse paradigma, uma espécie de responsabilidade coletiva por parte dos indivíduos. Delineia-se o entrelace das dimensões objetiva e subjetiva, no que tange à função axiológica da perspectiva objetiva dos direitos fundamentais. Essa perspectiva legitima algumas restrições aos direitos subjetivos individuais com base no interesse público, mas por outro lado expõe certas limitações do conteúdo e do alcance dos direitos fundamentais, ainda que deva sempre ficar preservado o núcleo essencial destes.[201]

Já no que concerne aos direitos sociais, a divisão do tema em dois planos, proposta por Canotilho, descreve que, no plano subjetivo, os direitos sociais consideram-se inseridos no espaço existencial do cidadão, independentemente da possibilidade da sua exequibilidade imediata.[202] Já na seara objetiva, as normas consagradoras dos direitos fundamentais estabelecem imposições legiferantes, propondo uma atuação positiva do legislador e criando as condições materiais e institucionais, muito embora algumas das imposições constitucionais traduzem-se na vinculação do legislador a fornecer prestações aos cidadãos.

Não se deve, contudo, confundir direito subjetivo social, imposições legiferantes e prestações. "O reconhecimento, por exemplo, do direito à saúde, é diferente da imposição constitucional que exige a criação do Serviço Nacional de Saúde, destinado a fornecer prestações imanentes àquele direito".[203] A prestação é um objeto da pretensão dos cidadãos (aspecto subjetivo) e do dever do Estado, que é imposto ao legislador mediante as imposições constitucionais (aspecto objetivo). Com isso, se a prestação não pode ser judicialmente exigida, não se enquadrando, pois, no modelo clássico de direito subjetivo, tende-se a salientar apenas o dever objetivo da prestação pelos entes públicos e a minimizar o seu conteúdo objetivo. Entretanto, convém salientar

---

[201] MALISKA, op. cit., p. 100-101.
[202] CANOTILHO, op. cit., p. 367-368.
[203] Idem, p. 368.

que "o direito à prestação não corresponde, rigorosamente, ao dever de prestação do Estado, contido na imposição legiferante: o âmbito normativo daquele direito pode ser mais amplo ou mais restrito que o deste dever".[204]

Os direitos sociais, na condição de preceitos de direitos subjetivos, também incorporam determinados valores e decisões essenciais que caracterizam a sua fundamentalidade. Podem servir na sua qualidade de normas de direito objetivo e, independentemente de sua perspectiva subjetiva, como noção para o controle de determinados atos normativos estatais.[205]

Portanto, é inerente aos direitos fundamentais uma dimensão subjetiva (que envolve a projeção daquele direito na esfera individual de cada um) e uma dimensão objetiva (que abarca os deveres de agir do poder político organizado de proteção aos direitos fundamentais). No campo dos direitos fundamentais a serem efetivados pelo Poder Público, como, por exemplo, o direito fundamental à educação, na esfera individual, a dimensão subjetiva deve assegurar o direito a vagas e matrículas nos estabelecimentos escolares, além dos materiais didáticos mínimos à aprendizagem; já na dimensão objetiva, deve o Poder Público manter escolas e creches devidamente equipadas, com professores e estruturas adequadas para tal desiderato.

Nota-se que a perspectiva objetiva dos direitos fundamentais se traduz em uma via dupla, uma vez que pode haver possibilidade concreta de reivindicação da perspectiva subjetiva.[206] Outro exemplo pode ser utilizado no direito fundamental à saúde, cuja norma jusfundamental prevê a obrigatoriedade do fornecimento de medicamentos – dimensão objetiva –, bem como determina que o Poder Público mantenha e disponibilize instituições hospitalares e todo seu aparato para concretização daquele direito fundamental – dimensão subjetiva. Há um liame obrigacional de exigibilidade nas dimensões subjetiva e objetiva do mesmo direito fundamental.

Ocorre que, na realidade brasileira, um incessante problema é, muitas vezes, a insuficiência de recursos públicos e a inércia do Estado, em sua função administrativa, na efetivação dos direitos fundamentais, nas suas dimensões objetiva e subjetiva. Há desproporcionalidade nas escolhas administrativas legítimas que geram, invariavelmente,

---

[204] MALISKA, op. cit., p. 102.

[205] VIEIRA DE ANDRADE, op. cit., p. 161.

[206] DE MARCO, Cristhian Magnus; CASTRO, Matheus Felipe de. *As dimensões e perspectivas do direito fundamental ao livre desenvolvimento da personalidade*. Prisma Jur., São Paulo, v. 12, n. 1, p. 13-49, jan./jun. 2013. Disponível em: <http://www4.uninove.br/ojs/index.php/prisma/article/view/4253>. Acesso em: 22 set. 2015, p. 42.

os excessos e as omissões. E a efetividade dos direitos fundamentais não pode ficar à mercê de casuísmos políticos ou causas particularistas, muito menos na expectativa de que os cofres do erário suportem tais direitos. Por isso a necessidade de compreensão adequada das normas de direitos fundamentais, que devem vincular o orçamento público e o planejamento das ações da pauta constitucional.

A liberdade do administrador público fica vinculada à satisfação dos mandamentos constitucionais. Apesar disso, a dogmática do Direito Administrativo pátrio ainda não incorporou totalmente e de forma adequada as categorias centrais da teoria dos direitos fundamentais, que se afiguram tendentes a relativizar alguns axiomas dessa premissa: a aplicabilidade imediata das normas definidoras de direitos fundamentais; a dupla dimensão – subjetiva e objetiva – desses direitos; a multifuncionalidade dos direitos fundamentais.[207]

Tais ponderações trazem reflexos concretos na identificação, por exemplo, das omissões estatais para com os direitos fundamentais, que acabam ocasionando o dano injusto e o dever de reparação por parte do Estado Constitucional. E mais, a adequada e constitucional aplicação do conteúdo reforça a necessidade de uma releitura da responsabilidade do Estado Constitucional omisso a partir das premissas do direito fundamental à boa administração.

2.3. O direito fundamental à boa administração pública

Para complementar o papel do Estado Constitucional na efetivação de direitos fundamentais, ou ainda para identificar as omissões estatais nessa seara, oportuno caracterizar o direito à boa administração pública como direito fundamental, porquanto se torna instrumento procedimental para tal desiderato.

O direito à boa administração não é tão recente como o tema sugere. Apesar de ter ampla projeção e encontrar guarida expressamente no artigo 41 da Carta de Direitos Fundamentais da União Europeia, a ideia de boa administração foi cunhada em textos constitucionais no início de século XX.[208] Surgiu inicialmente nos Estados-Membros da

---

[207] HACHEM, Daniel Wunder. *A tutela administrativa efetiva dos direitos fundamentais sociais: por uma implementação espontânea, integral e igualitária.* Resumo de tese de doutorado em direitos fundamentais. In: Espaço Jurídico: Journal of Law. Editora Unoesc: Chapecó, v. 15, n. 1, p. 253-256, jan./jun. 2014. Disponível em: <http://editora.unoesc.edu.br/index.php/espacojuridico/article/view/4958/2562>. Acesso em: 22 set. 2015, p. 252.

[208] Artigo 41º – Direito a uma boa administração: 1. Todas as pessoas têm direito a que os seus assuntos sejam tratados pelas instituições e órgãos da União de forma imparcial, equitativa e num prazo razoável. 2. Este direito compreende, nomeadamente: – o direito de qualquer pessoa a ser

União Europeia e ganhou, posteriormente, nova dimensão no direito comunitário.[209] Em meados da década de 1990, na Europa, já existiam referências à boa administração, com a delimitação de princípios, práticas, interesses ou *standards* de boa administração ou boa conduta administrativa.[210] Na busca por explicar o significado de tal direito fundamental oriundo da Carta de Nice, foi ainda aprovado, em 2001, o Código Europeu de Boa Conduta Administrativa, "que traz, sob a bandeira da boa administração, inúmeros princípios e regras de conceituação autônoma (como proporcionalidade, não-discriminação e o que pode ser compreendido como confiança legítima)".[211]

---

ouvida antes de a seu respeito ser tomada qualquer medida individual que a afecte desfavoravelmente, – o direito de qualquer pessoa a ter acesso aos processos que se lhe refiram, no respeito dos legítimos interesses da confidencialidade e do segredo profissional e comercial; – a obrigação, por parte da administração, de fundamentar as suas decisões. 3. Todas as pessoas têm direito à reparação, por parte da Comunidade, dos danos causados pelas suas instituições ou pelos seus agentes no exercício das respectivas funções, de acordo com os princípios gerais comuns às legislações dos Estados-Membros. 4. Todas as pessoas têm a possibilidade de se dirigir às instituições da União numa das línguas oficiais dos Tratados, devendo obter uma resposta na mesma língua. (Disponível em: <http://www.europarl.europa.eu/charter/pdf/text_pt.pdf>. Acesso em: 18 set. 2015.)

[209] Segundo Morgado, a primeira Constituição que pode ser apontada como consagradora da ideia de boa administração é a Constituição finlandesa de 1919 (art. 16), no capítulo dedicado a direitos gerais e proteção jurídica dos cidadãos finlandeses. A Constituição italiana já consagrava, em seu artigo 97, que os cargos públicos se organizavam segundo os preceitos da lei, de modo a assegurar o bom funcionamento e a imparcialidade da Administração. In: MORGADO, Cintia. Direito à boa Administração. Recíproca dependência entre direitos fundamentais, organização e procedimento. Revista de Direito da Procuradoria-Geral do Estado do Rio de Janeiro. Volume 65, 2010, p. 68-94. Disponível em: <http://download.rj.gov.br/documentos/10112/995656/DLFE-50821.pdf/Revista65Doutrina_pg_68_a_94.pdf>. Acesso em: 30 set. 2015.

[210] Muito embora a Carta de Nice não traga o conceito de "má administração", o informe anual de 1995 do Parlamento Europeu tratou de designar tal característica: "Naturalmente dar-se-á um caso de má administração sempre que uma instituição ou organismo da Comunidade deixar de agir em consonância com os tratados e com os actos comunitários de carácter vinculativo, ou ainda no caso de não observar as regras e os princípios de direito estabelecidos pelo Tribunal de Justiça e pelo Tribunal de Primeira Instância". In: VALLE, Vanice Regina Lírio do. *Direito fundamental à boa administração e governança: democratizando a função administrativa*. Tese para obtenção do título de pós-doutor apresentada à Escola Brasileira de Administração Pública e de Empresas. Pós-doutorado em Administração. Fundação Getúlio Vargas – FGV. Rio de Janeiro, 2010. Disponível em: <https://bibliotecadigital.fgv.br/dspace/bitstream/handle/10438/6977/VANICE%20VALLE.pdf?sequence=1&isAllowed=y>. Acesso em: 21 set. 2015, p. 112.

[211] Em esclarecimento oportuno sobre a Carta de Nice de 1999, explica Morgado que o referido documento de Direitos Fundamentais da União Europeia contempla, juntamente com o direito à boa administração, subdireitos, entre eles 1 – direito de audiência e participação na elaboração das disposições e atos administrativos; 2 – direito de acesso a arquivos e registros administrativos; 3 – direito a uma atuação administrativa imparcial, equitativa e levada dentro de prazo razoável; 4 – obrigação de expedição de resolução administrativa motivada; 5 – direito à reparação em casos de má administração; 6 – direito ao pluralismo linguístico ante a Administração. In: MORGADO, op. cit., p. 80. Já o Código Europeu de Boa Conduta Administrativa, aprovado posteriormente à Carta de Direitos Fundamentais da União Europeia, com princípios de atuação da Administração Europeia, embora esteja classificado na categoria de *soft law*, dá concreção ao conteúdo do direito à boa administração, englobando: ausência de discriminação (art. 5), respeito ao princípio da proporcionalidade (art. 6), ausência de abuso de poder (art. 7), imparcialidade e independência (art. 8), objetividade (art. 9), respeito às expectativas legítimas, consistência e assessoramento dos cidadãos (art. 10), cortesia (art. 12), entre outros.

O ponto de partida para definir o direito fundamental à boa administração pública é a compreensão de que o texto constitucional é verdadeiramente a força estruturante da sociedade e do Estado, ao materializar em seu texto os anseios político-sociais, e mesmo valorativos, de uma dada comunidade política. "Uma Constituição que estrutura não apenas o Estado em sentido estrito, mas também a própria esfera pública (Öffentlichkeit), dispondo sobre a organização da própria sociedade".[212]

Trazendo a temática para a realidade brasileira, há que se perquirir se a Constituição Federal de 1988 trouxe características para efetivação do direito fundamental à boa administração. Em aula proferida na Escola da Magistratura do TRF da 4ª Região, Sarlet defendeu a referida hipótese ao asseverar que o texto constitucional de 1988 já havia consagrado o direito fundamental à boa administração antes da Carta dos Direitos Fundamentais da União Europeia.[213] Salienta o autor em sua fala que "todos nós sabemos onde esse direito está, principalmente (não exclusivamente), ancorado: no artigo 1º, III, que consagra a dignidade da pessoa humana como fundamento da República, e no artigo 37, onde estão elencados os princípios diretivos da administração pública". E continua o autor: "Com efeito, uma boa administração só pode ser uma administração que promova a dignidade da pessoa e dos direitos fundamentais que lhe são inerentes, devendo, para tanto, ser uma administração pautada pela probidade e moralidade, impessoalidade, eficiência e proporcionalidade".

Para Sarlet, a Constituição Federal de 1988 foi ainda mais além, porquanto, ao deixar de forma implícita o direito fundamental à boa administração, "ela já previu expressamente os critérios, diretrizes, princípios que norteiam e permitem a concretização dessa ideia de boa administração. Então, diria que a nossa Constituição, na verdade, já antes da Carta da União Europeia, pelo menos no âmbito formal, talvez tenha ido até mesmo além da própria União Europeia".

A existência, no sistema constitucional brasileiro, do direito fundamental à boa administração é o reconhecimento de seu caráter implícito. Segundo Valle, "a ideia é extraída dos fundamentos apontados à República, da disciplina traçada à administração pública (notadamente o princípio da eficiência orientado à concretização dos direitos fundamentais) e de outros pontos do texto constitucional; tudo na

---

[212] HÄBERLE, op. cit., p. 33.

[213] SARLET, Ingo Wolfgang. *A Administração Pública e os Direitos Fundamentais*. Aula proferida na Escola da Magistratura do TRF-4ª Região, Curso Permanente, Módulo II, Direito Administrativo [on line], 12 de novembro de 2007. Disponível em: <http://www2.trf4.jus.br/trf4/upload/arquivos/emagis_atividades/ingowolfgangsarlet.pdf>. Acesso em: 18 set. 2015.

mais perfeita consonância com os termos do art. 5º, § 2º, da Constituição Federal".[214]

De forma mais incisiva, Freitas considera que o referido direito fundamental é consagrado, no ordenamento jurídico brasileiro, em um "direito fundamental à administração pública eficiente e eficaz, proporcional, cumpridora de seus deveres, com transparência, motivação, imparcialidade e respeito à moralidade, à participação social e à plena responsabilidade por suas condutas omissivas e comissivas".[215] Escreve ainda o autor que o direito fundamental à boa administração corresponde "ao dever de a administração pública observar, nas relações administrativas, a cogência da totalidade dos princípios constitucionais que a regem". Moreira Neto por sua vez, ensina que a boa administração se traduz em um "dever constitucional de quem quer que se proponha a gerir, de livre e espontânea vontade, interesses públicos". Diz o autor que tal assertiva corresponde a um "direito cívico do administrado, característica implícita na cidadania".[216]

Há, inclusive, a ideia de que a boa administração como direito fundamental incorpora verdadeiros direitos subjetivos, sobretudo por conta da consolidação na jurisprudência do Tribunal de Justiça Europeu o que de certa forma influencia o posicionamento da doutrina brasileira.[217] Segundo Morgado, esse posicionamento "ofereceria um direito tipo 'guarda-chuva', que cobriria boa parte das obrigações relativas à forma pela qual todos devem ser tratados pelas instituições e órgãos da União".[218] A autora ainda assevera que embora isso possa facilitar a aceitação como direito fundamental, superando o problema da excessiva subjetivação, "não altera a constatação de que também incorpora elementos de fundo, ou seja, vai além das disposições que menciona sobre direitos já conhecidos".

Nesse sentido, imperiosa a conclusão de Valle acerca dos efeitos do reconhecimento de um direito fundamental à boa administração no ordenamento constitucional brasileiro: "no âmbito da função administrativa, se concretizam os demais direitos fundamentais explícitos e implícitos no texto constitucional".[219] Para a autora, isso equiva-

---

[214] VALLE, op. cit., p. 130.

[215] FREITAS, Juarez. *Discricionariedade Administrativa e o Direito Fundamental à Boa Administração Pública*. São Paulo: Malheiros, 2007, p. 20.

[216] MOREIRA NETO, *Curso de direito administrativo: parte introdutória, parte geral e parte especial*, 15. ed. Rio de Janeiro: Forense, 2009, p. 119.

[217] Para um estudo aprofundado, consultar *O Tribunal de Justiça das Comunidades Europeias e o direito à boa administração*. VALLE, op. cit., p. 116 e ss.

[218] MORGADO, op. cit., p. 82.

[219] VALLE, op. cit., p. 125.

le "ao aperfeiçoamento do exercício da função administrativa – que, repita-se, é primária e diretamente relacionada à concretização dos direitos fundamentais – é o caminho mais eficaz para assegurar sua efetividade".

Compartilha desse posicionamento Carvalho, para quem "o reconhecimento do direito fundamental à boa administração nada mais é do que o contraponto da constatação da relevância da função administrativa na concretização dos direitos fundamentais".[220] Para o autor, "há necessidade de contínuo aperfeiçoamento das políticas públicas e da própria Administração para a consecução de suas finalidades constitucionalmente previstas".

Elevar o direito à boa administração a direito fundamental trata-se de verdadeiro aspecto procedimental para a realização dos direitos fundamentais, sobretudo na implementação de políticas públicas, uma vez que a Constituição protege tais direitos. Além do mais, o Estado Constitucional proporciona também o controle jurisdicional das políticas públicas voltadas à efetividade dos direitos fundamentais e confere ao Executivo e ao Legislativo o papel de implementadores de tal desiderato.[221]

É necessário coadunar uma atividade administrativa voltada a uma governança eficiente e balanceada, com lastro no Estado Constitucional, para o qual a efetividade dos direitos fundamentais é a linha mestra, o que deve ser feito por meio da antecipação das providências de reparação quanto à omissão ou à atuação deficiente do Estado-Administração. É o que aponta a lição de Valle em que o direito fundamental à boa administração "deve estar compatível com a governança – a par de prestigiar o princípio democrático, reverencia igualmente à máxima de efetividade da Constituição, na medida em que antecipa as providências de concretização das ações estatais por ela determinadas".[222]

Portanto, o direito fundamental à boa administração desponta como um instrumento do Estado Constitucional voltado à eficiência

---

[220] CARVALHO, Valter Alves. O direito à boa administração pública como instrumento de hermenêutica constitucional. In: FERREIRA, Gustavo Sampaio Telles; XIMENES, Júlia Maurmann (Coord.). *Instituições políticas, administração pública e jurisdição constitucional*. CONPEDI, Florianópolis: FUNJAB, 2012, p. 312-336. Disponível em: <http://www.publicadireito.com.br/artigos/?cod=234a1273487bf7b2>. Acesso em: 18 set. 2015, p. 325-326.

[221] Essa temática é relevante numa sociedade como a brasileira, caracterizada, ainda, por desafios no campo social e na seara político-institucional, pois a experiência democrática no Brasil não possui um longo curso histórico, e a realidade social é marcada por inúmeras desigualdades estruturais de acesso aos bens jurídicos, que funcionam como capacitação para o envolvimento no próprio processo democrático (trabalho, saúde, educação, renda, acesso à justiça etc.). In: CARVALHO, op. cit., p. 325-326.

[222] VALLE, op. cit., p. 126.

e ligado à proposta de governança, sobretudo para que a função administrativa e as decisões dos gestores públicos estejam vinculadas pelos direitos fundamentais, tanto na sua dimensão subjetiva, quanto na sua dimensão objetiva. É necessário que haja uma transformação efetiva da máquina estatal para aderir a efetividade do direito fundamental à boa administração. Encampado no ordenamento e reconhecido como fundamental o direito à boa administração, a atuação da Administração Pública pautada na legalidade, transparência, eficiência é irradiada à luz dos direitos fundamentais (dimensão objetiva). E a dimensão subjetiva dos direitos fundamentais do cidadão, que dependem da organização e de procedimentos estatais para terem efetividade, encontra também sua sustentação. Esse é o pressuposto do direito à boa administração: trazer a lume uma mudança drástica de postura na atuação da governança pública e pensar o aparato estatal e sua atuação voltada à efetividade dos direitos fundamentais.

3. Efetividade dos direitos fundamentais e responsabilidade civil do Estado Constitucional por omissão

A tarefa do Estado Constitucional é a concretização dos direitos fundamentais nos planos formal e material, que por sua vez vinculam a ordem jurídica pelo prisma do conteúdo de tais direitos. Esse núcleo do Estado Constitucional é traduzido na dimensão objetiva desses direitos fundamentais, que são identificados como um conjunto de valores básicos e fins diretivos da atuação estatal positiva, ao passo que a perspectiva subjetiva se revela na pretensão de um cidadão ou de um grupo em requerer, do Estado Constitucional, uma atividade ou uma omissão para o reconhecimento e a proteção de um determinado interesse ou bem.

Essas premissas, de um modo geral, demonstram o caráter normativo e vinculante da Constituição, impondo ao Poder Público, por força do artigo 5º, § 1º, da Constituição Federal de 1988, o alicerce da eficácia imediata na maior otimização possível dos direitos fundamentais.

A efetividade dos direitos fundamentais demanda a necessidade de uma atuação diligente e proporcional, para que os poderes constituídos, por meio das atividades legislativas, judiciais e administrativas, concretizem formal e materialmente esses direitos. A inércia ou a omissão desproporcional dessas imposições constitucionais pode ocasionar a responsabilidade do Estado, da qual este somente estará isento se rompido o nexo de causalidade pela aplicação das chamadas excludentes, a partir da teoria do risco administrativo, além do eventual reconhecimento da construção dogmática em torno da reserva do possível para justificar suas omissões.

Como o estudo central da temática envolve a análise crítica acerca da omissão do Estado e suas intercorrências na efetividade dos direitos fundamentais, com reflexos na responsabilidade civil, justifica-se a opção pelo desenvolvimento específico da responsabilidade civil por atos omissivos no presente capítulo.

Em se tratando de concretização de direitos fundamentais, a discricionariedade administrativa e as decisões políticas ficam vinculadas aos mandados de otimização da Constituição. A partir do panorama acerca da efetividade dos direitos fundamentais, passa-se à análise da constante e reiterada divergência acerca da natureza da aplicação da responsabilidade – objetiva ou subjetiva – nos atos omissivos do Estado. Outrossim, apontam-se os princípios da proporcionalidade, prevenção e precaução como forma de evitar tais responsabilidades por omissões inconstitucionais e desproporcionais, que afastam sobremaneira a concretização do direito fundamental à boa administração.

3.1. Responsabilidade civil por atos omissivos do estado constitucional

No mundo dos fatos, o que se constata é a omissão estatal cotidiana. Essa omissão em escolhas administrativas meramente formais, amparadas em decisões políticas de cunho menos relevante, são reiteradas. O verdadeiro interesse público é deixado de lado para satisfação de interesses secundários do Estado ou de quem o representa. A qualidade do serviço público no Brasil ainda é um grande desafio e padece de prioridade proporcional e efetiva na pauta de decisões governamentais e legislativas. O Estado muitas vezes se omite em intervenções que visam a assegurar o exercício das liberdades.

Para citar apenas alguns exemplos, o direito fundamental à educação é constantemente descumprido. Falta de vagas em creche para crianças, falta de vagas para os ensinos fundamental e médio, insuficiência de professores e instrumentos adequados ao ensino, acesso à escola negado com frequência, falta de políticas públicas adequadas voltadas a prevenção, inserção social e recuperação de jovens.[223]

---

[223] Em texto elaborado para o *Autumn 2014 – Unoesc International Legal Seminars – Brazil-Germany. Proporcionalidade, Dignidade Humana e Direitos Sociais na Teoria dos Direitos Fundamentais de Robert Alexy*, evento organizado pelo Programa de Mestrado em Direito da Unoesc e realizado em Chapecó-SC, entre os dias 26 a 28 de março de 2014, Maliska faz uma análise sobre a precária situação educacional no Brasil, com os seguintes apontamentos: "Assim, em termos educacionais, o Brasil no âmbito do ensino fundamental avançou significativamente, mas ainda não tem cobertura total para as crianças entre 7 e 14 anos. In: MALISKA, Marcos Augusto. *O Princípio da Proporcionalidade e os Direitos Fundamentais Prestacionais.* Autumn 2014 – Unoesc International Legal Seminars – Brazil-Germany. Proporcionalidade, Dignidade Humana e Direitos Sociais na Teoria dos Direitos Fundamentais de Robert Alexy. Programa de Mestrado em Direito da Unoesc. Chapecó-SC, mar. 2014, p. 10-11. Segundo os dados do Unicef Brazil, 'do total de crianças entre 7 e 14 anos, 97,6% estão matriculadas na escola'. O que representa cerca de 26 milhões de estudantes (Pnad 2007). O percentual de 2,4% de crianças e adolescentes fora da escola pode

No que concerne ao direito à saúde, a situação de precariedade é ainda pior. Falta de medicamentos, falta de leitos hospitalares, péssimas condições de estabelecimentos de saúde, falta de saneamento básico, pessoas morrendo em filas de hospitais, ausência de controle e efetividade das políticas públicas sanitárias, falta de profissionais capacitados, insuficiência de recursos destinados ao Sistema Único de Saúde são, para dizer algumas, as mazelas e os descasos. A efetividade do direito fundamental à saúde é ainda questão central para o Estado Constitucional brasileiro.[224]

Da mesma forma, a segurança pública padece de inúmeros problemas, que vão desde o aumento expressivo das taxas de criminalidade, homicídios, falta de efetivo policial, superpopulação carcerária, fugas de presos, falta de recuperação e degradação de jovens e adolescentes em conflito com a lei, até a ineficiência do sistema de investigação criminal, violência policial, morosidade judicial para solução de crimes, dentre outros desafios a serem superados.[225]

---

parecer pouco, mas representa cerca de 680 mil crianças entre 7 e 14 que têm seu direito de acesso à escola negado. As mais atingidas são as negras, indígenas, quilombolas, pobres, sob risco de violência e exploração, e com deficiência. Desse contingente fora da escola, 450 mil são crianças negras e pardas. Nas avaliações internacionais de qualidade da educação, o Brasil, ainda que tenha demonstrado melhora nos últimos anos, ocupa posição que demonstra o quanto é necessário se avançar na qualidade do ensino. No ranking divulgado pela Pearson Internacional, parte do projeto *The Learning Curve*, realizado pela *Economist Intelligence Unit*, o Brasil ficou na penúltima posição em uma comparação com 40 países. O índice foi criado a partir do cruzamento de indicadores internacionais da Organização para a Cooperação e Desenvolvimento Econômico (OCDE), bem como de dados educacionais de cada país sobre alfabetização e as taxas de conclusão de Escolas e Universidades".

[224] Para auferir tais situações, oportuno consultar os relatórios da Organização Mundial da Saúde – OMS – sobre a precária situação brasileira, disponível em http://www.paho.org/bra/. No serviço público de saúde, com base em indicadores e comparativos, há uma considerável precarização: "Em termos de financiamento do sistema, a comparação com o *National Health Service – NHS* britânico irá demonstrar que o sistema inglês oferece gratuitamente serviços de saúde aos 63 milhões de residentes com um orçamento anual de 109 bilhões de libras esterlinas, o que equivale mais ou menos a 400 bilhões de reais. In: MALISKA, op. cit, p. 11-12. Sua estrutura administrativa compreende 1,7 milhão de empregados, sendo 39.780 médicos de clínica geral, 370.327 enfermeiras e 105.711 hospitais e serviços de saúde comunitários. O sistema atende mais de um milhão de pacientes a cada 36 horas. O Sistema Único de Saúde – SUS – brasileiro, por sua vez, contou com um orçamento para o Ministério da Saúde em 2012 de 73 bilhões de reais para atendimento de uma população de 190 milhões de habitantes por meio de uma estrutura administrativa que compreende 6.500 hospitais registrados, sendo que desse número 48% são privados, 64.000 unidades básicas de saúde e 28.000 unidades de saúde da família. O sistema realiza 2,3 bilhão de procedimentos clínicos todos os anos. Essa rápida comparação demonstra as dificuldades do serviço público de saúde brasileiro, pois além de possuir um orçamento menor, o sistema precisa atender uma população três vezes maior espalhada por um país de dimensões continentais".

[225] Para verificação do perfil das instituições policiais e dos problemas apresentados, consultar o portal do observatório de segurança, disponível em http://www.observatoriodeseguranca.org/seguranca. A propósito, consultar SOARES, Luiz Eduardo. *Segurança Pública: presente e futuro*. Disponível em: <http://www.scielo.br/scielo.php?pid=S0103-40142006000100008&script=sci_arttext>.

Nesse sentido, os direitos fundamentais de cunho prestacional possuem ainda uma "defasagem histórica na realização de serviços públicos, defasagem essa que, em última análise, deslegitima o próprio Estado na sua função de ente responsável pela arrecadação de tributos e prestação de serviços públicos".[226]

Não por acaso, o Supremo Tribunal Federal possui decisões em que vem reiteradamente considerando ser totalmente inaceitável a inércia e a omissão estatal em matéria de direitos fundamentais, justamente pela posição nuclear em que se encontram positivos no texto constitucional.[227]

Merece registro a decisão proferida na análise do Recurso Extraordinário n. 482611, interposto pelo Ministério Público de Santa Catarina contra o entendimento do Tribunal de Justiça daquele Estado de que a implementação de programa de proteção integral de crianças e

---

[226] "Após vinte e cinco anos de vigência da Constituição Federal, os avanços em educação, saúde e segurança pública dependem indiscutivelmente de uma refundação da relação entre Estado e Sociedade Civil, na qual essa também assuma o seu papel na promoção de tais direitos". In: MALISKA, op. cit., p. 13.

[227] Nesse sentido: "RECURSO EXTRAORDINÁRIO – CRIANÇA DE ATÉ SEIS ANOS DE IDADE – ATENDIMENTO EM CRECHE E EM PRÉ-ESCOLA – EDUCAÇÃO INFANTIL – DIREITO ASSEGURADO PELO PRÓPRIO TEXTO CONSTITUCIONAL (CF, ART. 208, IV). COMPREENSÃO GLOBAL DO DIREITO CONSTITUCIONAL À EDUCAÇÃO – DEVER JURÍDICO CUJA EXECUÇÃO SE IMPÕE AO PODER PÚBLICO, NOTADAMENTE AO MUNICÍPIO (CF, ART. 211, § 2º). RECURSO IMPROVIDO. A educação infantil representa prerrogativa constitucional indisponível, que, deferida às crianças, a estas assegura, para efeito de seu desenvolvimento integral, e como primeira etapa do processo de educação básica, o atendimento em creche e o acesso à pré-escola (CF, art. 208, IV). Essa prerrogativa jurídica, em consequência, impõe, ao Estado, por efeito da alta significação social de que se reveste a educação infantil, a obrigação constitucional de criar condições objetivas que possibilitem, de maneira concreta, em favor das 'crianças de zero a seis anos de idade' (CF, art. 208, IV), o efetivo acesso e atendimento em creches e unidades de pré-escola, sob pena de configurar-se inaceitável omissão governamental, apta a frustrar, injustamente, por inércia, o integral adimplemento, pelo Poder Público, de prestação estatal que lhe impôs o próprio texto da Constituição Federal . – A educação infantil, por qualificar-se como direito fundamental de toda criança, não se expõe, em seu processo de concretização, a avaliações meramente discricionárias da Administração Pública, nem se subordina a razões de puro pragmatismo governamental. – Os Municípios – que atuarão, prioritariamente, no ensino fundamental e na educação infantil (CF, art. 211, § 2º) – não poderão demitir-se do mandato constitucional, juridicamente vinculante, que lhes foi outorgado pelo art. 208, IV, da Lei Fundamental da República, e que representa fator de limitação da discricionariedade político-administrativa dos entes municipais, cujas opções, tratando-se do atendimento das crianças em creche (CF, art. 208, IV), não podem ser exercidas de modo a comprometer, com apoio em juízo de simples conveniência ou de mera oportunidade, a eficácia desse direito básico de índole social. Embora resida, primariamente, nos Poderes Legislativo e Executivo, a prerrogativa de formular e executar políticas públicas, revela-se possível, no entanto, ao Poder Judiciário, determinar, ainda que em bases excepcionais, especialmente nas hipóteses de políticas públicas definidas pela própria Constituição, sejam estas implementadas pelos órgãos estatais inadimplentes, cuja omissão – por importar em descumprimento dos encargos político-jurídicos que sobre eles incidem em caráter mandatório – mostra-se apta a comprometer a eficácia e a integridade de direitos sociais e culturais impregnados de estatura constitucional. A questão pertinente à 'reserva do possível'. Doutrina" (STF, RE-AgR n. 410715/SP, Relator Min. Celso de Mello, Data de julgamento 22-11-2005, Segunda Turma, DJ 3-2-2006, PP-00076 EMENT VOL-02219-08 PP-01529 RIP v. 7, n. 35, 2006, p. 291-300).

adolescente vítimas de abuso ou exploração sexual, no município de Florianópolis, dar-se-ia na medida das possibilidades do poder público. Para a Suprema Corte, todavia, o não cumprimento de tal previsão constitucional representa omissão institucional que deve ser "repelida". Consignou o relator, Ministro Celso de Mello, que "os efeitos nocivos, lesivos e perversos resultantes da inatividade governamental, em situações nas quais a omissão do Poder Público representava um inaceitável insulto a direitos básicos assegurados pela própria Constituição da República, mas cujo exercício estava sendo inviabilizado por contumaz (e irresponsável) inércia do aparelho estatal".

Essas omissões estatais acabam muitas vezes por gerar danos desproporcionais e injustos, em que há necessidade de responsabilização do Estado. A questão aqui é se a responsabilidade por atos omissivos ocasiona a responsabilidade objetiva ou subjetiva.

Há uma unanimidade quanto à natureza objetiva da responsabilidade do Estado por conduta comissiva. Porém, no caso de responsabilidade por atos omissivos do Estado, ou seja, quando tem o dever legal de agir e não o faz, há enorme divergência, com entendimento majoritário de que o Estado somente responde subjetivamente, com base na culpa administrativa, e não amparado na responsabilidade objetiva, em que não há necessidade de comprovar a culpa, como se verá adiante nos precedentes doutrinários e jurisprudenciais.[228]

Imperioso, portanto, demonstrar, ainda que brevemente, a opção por uma ou outra tese na omissão do Estado – responsabilidade objetiva ou responsabilidade subjetiva – para exprimir qual tipo de responsabilidade é adequada em se tratando de omissão na efetivação de direitos fundamentais, notadamente, quando a omissão estatal gera responsabilização em função de um dano injusto suportado pelo particular na seara dos direitos fundamentais.

Para a corrente que defende a responsabilidade subjetiva do Estado nos casos de danos por omissão, é necessário que tenha havido omissão culposa ou dolosa. De acordo com o entendimento de Ban-

---

[228] As discussões doutrinárias e jurisprudenciais acerca da responsabilidade estatal por omissão começaram ainda sob a égide da Constituição de 1946, que em seu artigo 194 cuidou de trazer a responsabilidade objetiva do Estado baseada na teoria do risco administrativo, e se o referido dispositivo ab-rogou o artigo 15 do Código Civil de 1916, que tratava da responsabilidade subjetiva nos casos de responsabilidade civil. Após fervorosas discussões, a doutrina e jurisprudência dominantes têm entendido que na responsabilidade do Estado por omissão, ou seja, pela ausência da prática de atividade exigida por lei, o Estado responde, em regra, nos casos em que o ato ou serviço era legalmente exigido, com base na responsabilidade subjetiva. Essa posição foi iniciada por Oswaldo Aranha Bandeira de Mello, apontando a responsabilidade do Estado como sendo de natureza subjetiva, com base no artigo 15 do antigo Código Civil. In: MELLO, Oswaldo Aranha Bandeira de. *Princípios gerais de direito administrativo*. v. 1. São Paulo: Forense, 1969, p. 487.

deira de Mello, "a responsabilidade subjetiva é a obrigação de indenizar que incumbe a alguém em razão de um procedimento contrário ao direito – culposo ou doloso – consistente em causar um dano a outrem ou deixar de impedi-lo quando obrigado a isto".[229]

Segundo Bandeira de Mello, "se o Estado não agiu, não pode ele – o Estado – ser o autor do dano. Logo, não sendo o autor do dano, só poderia o Estado ser responsabilizado se estivesse obrigado a impedi-lo".[230] Escreve o autor que o "Estado responde por negligência ou deficiência quando tinha o dever legal de agir e omitiu-se ou fez deficientemente abaixo dos padrões legais, traduzindo-se em um ilícito causador do dano não evitado". Figueiredo também se filia a essa posição, asseverando que "no tocante aos atos ilícitos decorrentes de omissão, devemos admitir que a responsabilidade só poderá ser inculcada ao Estado se houver prova de culpa ou dolo do funcionário".[231] Para a autora, "ainda que consagre o texto constitucional a responsabilidade objetiva, não há como se verificar a adequabilidade da imputação ao Estado na hipótese de omissão, a não ser pela teoria subjetiva. Não há como provar a omissão do Estado sem antes provar que houve *faute du servisse*".[232]

Com efeito, tratando-se dessa hipótese, qual seja, ato omissivo do poder público, para boa parte da doutrina, a responsabilidade civil por tal ato é subjetiva, exigindo-se a presença de dolo ou culpa, não sendo necessário, no entanto, individualizá-la, pois pode ser atribuída ao serviço público de forma genérica, pela falta do serviço.[233] Para essa corrente, nos casos de fenômenos da natureza, como vendavais, chuvas, enchentes, que venham a causar sérios prejuízos à população, a responsabilidade estatal pela omissão somente será devida caso reste comprovada a culpa do Poder Público. A exemplificar, situação corriqueira ocorre quando, em enchentes e fortes chuvas, ficar comprovada a culpa da Administração Pública pela insuficiência dos serviços públicos. Os danos suportados pelos particulares geram o dever de reparação por parte do ente público.

---

[229] BANDEIRA DE MELLO, op. cit., p. 885.

[230] Idem, p. 958.

[231] FIGUEIREDO, op. cit., p. 260.

[232] Idem, p. 260-261.

[233] Essa corrente que defende que a omissão do Estado gera a responsabilidade subjetiva, ou seja, aquela que enseja a necessidade de provar o dolo ou a culpa do Estado, ainda é seguida por outros autores como CARVALHO FILHO, José dos Santos. *Manual de Direito Administrativo*. 24. ed. rev. ampl. e atual. Rio de Janeiro: Lumen Juris, 2010; DI PIETRO, Maria Sylvia Zanella. *Direito Administrativo*. 21. ed. São Paulo: Atlas, 2008; DINIZ, Maria Helena. *Curso de Direito Civil Brasileiro*. V. 7- Responsabilidade Civil. 27. ed. São Paulo: Saraiva, 2013; GASPARINI, Diógenes. *Direito Administrativo*. 14. ed. rev. São Paulo: Saraiva, 2009; STOCCO, Rui. *Tratado de Responsabilidade Civil*. 10. ed. São Paulo: Revista dos Tribunais, 2014; dentre outros.

Agora, se ficar demonstrado que a Administração Pública deixou o sistema de escoamento de águas e esgotos em plenas e perfeitas condições, e que a intensidade pluviométrica foi extremamente anormal e excepcional, resta isenta do dever de indenizar. Situações envolvendo a omissão estatal em garantir a liberdade individual, em segurança pública, direito à saúde, direito à educação, falta de manutenção em rodovias, deslizamentos de terra, morte de detentos, dentre outros assuntos, para essa corrente importam na responsabilidade subjetiva, devendo haver prova do dolo ou culpa por parte do Estado.

Em defesa desse posicionamento, Bandeira de Mello, de forma incisiva, alerta que ao admitir a responsabilidade objetiva por omissão do Poder Público, o Estado seria uma espécie de segurador universal e conduziria a situações absurdas. "É que, em princípio, cumpre ao Estado prover a todos os interesses da coletividade. Ante qualquer evento lesivo causado por terceiro, como um assalto em via pública, uma enchente qualquer, uma agressão sofrida em local público, o lesado poderia sempre arguir que o serviço não funcionou".[234] Para o autor, ao "admitir-se responsabilidade objetiva nestas hipóteses, o Estado estaria erigido em segurador universal! Razoável que responda pela lesão patrimonial da vítima de um assalto, se agentes policiais relapsos assistiram à ocorrência inertes e desinteressados ou se alertados a tempo de evitá-lo omitiram-se na adoção de providências cautelares".

Escreve Bandeira de Mello que é razoável que o Estado responda por eventuais danos decorrentes de enchentes e outros fortuitos somente se as galerias pluviais e os bueiros de escoamento de águas estavam entupidos ou sujos, propiciando o acúmulo de água.[235] É nessas circunstâncias que teria havido, para o autor, "o descumprimento do dever legal na adoção de providências obrigatórias". Na ausência de injuridicidade, que advém do dolo ou da culpa, não haveria como responsabilizar o Estado.

No âmbito jurisprudencial, o Supremo Tribunal Federal vem, de um modo geral, adotando a tese da responsabilidade subjetiva para atos omissivos do Estado. É o que se denota dos Recursos Extraordinários n°s 409203/RS e 372472/RN, em que, tratando-se de ato omissivo do Poder Público, a responsabilidade civil por esse ato é subjetiva e há necessidade da comprovação do dolo ou culpa, em sentido estrito, por meio da comprovação de negligência, imperícia ou imprudência,

---
[234] BANDEIRA DE MELLO, op. cit., p. 147.
[235] Idem, ibidem.

isentando, todavia, da prova acerca da individualização, consoante a teoria da culpa anônima pela falta do serviço.[236]

Por sua vez, a jurisprudência do Superior Tribunal de Justiça vem reiteradamente entendendo que a omissão do Estado enseja a tese da responsabilidade subjetiva. Em seus arestos, as turmas julgadoras do STJ aduzem que em se tratando de ato omissivo, embora esteja a doutrina dividida entre as correntes da responsabilidade objetiva e da responsabilidade subjetiva, prevalece, na jurisprudência, a teoria subjetiva do ato omissivo, só havendo indenização se comprovada a culpa.[237]

Para uma segunda corrente doutrinária, que sustenta ser a responsabilidade objetiva do Estado indistintamente para os atos omissi-

---

[236] A propósito, um dos arestos do STF ficou assim ementado: "CONSTITUCIONAL. ADMINISTRATIVO. CIVIL. RESPONSABILIDADE CIVIL DO ESTADO. ATO OMISSIVO DO PODER PÚBLICO: DETENTO MORTO POR OUTRO PRESO. RESPONSABILIDADE SUBJETIVA: CULPA PUBLICIZADA: FALTA DO SERVIÇO. C.F., art. 37, § 6º. I. – Tratando-se de ato omissivo do poder público, a responsabilidade civil por esse ato é subjetiva, pelo que exige dolo ou culpa, em sentido estrito, esta numa de suas três vertentes – a negligência, a imperícia ou a imprudência –, não sendo, entretanto, necessário individualizá-la, dado que pode ser atribuída ao serviço público, de forma genérica, a falta do serviço. II. – A falta do serviço – *faute du service* dos franceses – não dispensa o requisito da causalidade, vale dizer, do nexo de causalidade entre a ação omissiva atribuída ao poder público e o dano causado a terceiro" (STF, RE n. 372472/RN, Rel. Min. Carlos Velloso, DJ 28-11-2003, p. 33).

[237] É o que se extrai do Recurso Especial n. 721439/RJ, na lavra da Ministra Eliana Calmon: "ADMINISTRATIVO – RESPONSABILIDADE CIVIL DO ESTADO POR ATO OMISSIVO – QUEDA DE ENTULHOS EM RESIDÊNCIA LOCALIZADA À MARGEM DE RODOVIA. 1. A responsabilidade civil imputada ao Estado por ato danoso de seus prepostos é objetiva (art. 37, § 6º, CF), impondo-se o dever de indenizar quando houver dano ao patrimônio de outrem e nexo causal entre o dano e o comportamento do preposto. 2. Somente se afasta a responsabilidade se o evento danoso resultar de caso fortuito ou força maior, ou decorrer de culpa da vítima. 3. Em se tratando de ato omissivo, embora esteja a doutrina dividida entre as correntes da responsabilidade objetiva e da responsabilidade subjetiva, prevalece, na jurisprudência, a teoria subjetiva do ato omissivo, só havendo indenização se culpa do preposto. 4. Recurso especial improvido" (REsp n. 721.439/RJ, Rel. Min. Eliana Calmon, Segunda Turma, julgado em 21-8-2007, DJ 31-8-2007, p. 221). Na mesma linha: "ADMINISTRATIVO E DIREITO PÚBLICO. ESCOLA. SAÍDA DE ALUNO. ESTUPRO DE MENOR EM REGULAR HORÁRIO ESCOLAR. LIBERAÇÃO. RESPONSABILIDADE CIVIL SUBJETIVA DO ESTADO. OMISSAO. DEVER DE VIGILÂNCIA. NEGLIGÊNCIA. CARACTERIZAÇÃO. ARTIGOS 186 E 927 DO NOVO CÓDIGO CIVIL. DANO MORAL. I – Mesmo diante das novas disposições do Novo Código Civil, persiste o entendimento no sentido de que, 'No campo da responsabilidade civil do Estado, se o prejuízo adveio de uma omissão do Estado, invoca-se a teoria da responsabilidade subjetiva' (REsp nº 549.812/CE, Rel. Min. FRANCIULLI NETTO, DJ de 31/05/2004). II – '...o Poder Público, ao receber o menor estudante em qualquer dos estabelecimentos da rede oficial de ensino, assume o grave compromisso de velar pela preservação de sua integridade física' (RE nº 109.615-2/RJ, Rel. Min. CELSO DE MELLO, DJ de 02/08/96). III – A escola não pode se eximir dessa responsabilidade ao liberar os alunos, pelo simples fato de ter havido bilhete na agenda dos menores no sentido da inexistência de aulas nos dois últimos períodos de determinado dia. Liberada a recorrente naquele horário, que seria de aula regular, e dirigindo-se para casa, sem os responsáveis, culminou por ser molestada sexualmente em terreno vizinho à escola, que se sabia ser extremamente perigoso. Presentes os pressupostos da responsabilidade civil (conduta culposa, nexo causal e dano). IV – Violação aos artigos 186 e 927 do Código Civil caracterizada, bem como a responsabilidade subjetiva do Estado na hipótese, devendo os autos retornarem ao Tribunal a quo, por ser a Corte competente para, diante do exame do quadro fático-probatório, fixar a indenização respectiva. V – Recurso provido" (REsp. n. 819789/RS, DJ de 25-5-2006, p. 191).

vos, fundamenta-se somente na interpretação direta do artigo 37, § 6º, da Constituição Federal de 1988. Em linhas gerais, defendem ser a responsabilidade do Estado por conduta omissiva regida pela teoria do risco administrativo, oriunda do referido dispositivo constitucional. O argumento utilizado é de que a conduta omissiva estatal não pode ser considerada *condição*, mas sim *causa*, pois esta é todo fenômeno capaz de produzir um poder jurídico pelo qual alguém tem o direito de exigir de outrem uma prestação [de dar, de fazer, ou de não fazer].

Para Tepedino, "não é dado ao intérprete restringir onde o legislador não restringiu, sobretudo em se tratando de legislador constituinte – *ubi lex non distinguit nec nos distinguere debemus*".[238] Ao consagrar a responsabilidade objetiva para os atos da Administração Pública, a Constituição Federal de 1988 acabou por "alterar inteiramente a dogmática da responsabilidade nesse campo, com base em outros princípios axiológicos e normativos (dos quais se destaca o da isonomia e o da justiça distributiva)".[239]

Já na jurisprudência do Supremo Tribunal Federal, houve também posições no sentido da adoção da responsabilidade objetiva do Estado em atos omissivos, podendo-se verificar nos Recursos Extraordinários n. 109.615-2/RJ e 170.014-9/SP.[240] Interessante o posicionamento do Ministro Marco Aurélio, na lavra do voto no RE n. 180.602-8/SP, em que textualmente aduz que a responsabilidade do Estado prevista no § 6º do artigo 37 da Constituição Federal de 1988 é objetiva quando da análise de omissão estatal pela falta de fiscalização de animais em via pública, mas no final do voto assevera a predominância da responsabilidade subjetiva da culpa.[241]

---

[238] TEPEDINO, Gustavo. *Temas de Direito Civil*. Rio de Janeiro: Renovar, 1999, p. 190.

[239] Comungam desse posicionamento: CAHALI, Yussef Said. *Responsabilidade Civil do Estado*. 2. ed. ver. e atual. São Paulo: Malheiros, 1995; CAVALIERI FILHO, Sérgio. *Programa de Responsabilidade Civil*. 6. ed. ver. aum. e atual. 2. tir. São Paulo: Malheiros, 2006; CASTRO, Guilherme Couto de. *A responsabilidade civil objetiva no direito brasileiro*. 2. ed. Rio de Janeiro: Forense, 1997; MEDAUAR, Odete. *Direito Administrativo Moderno*. 8. ed. São Paulo: Saraiva, 2004; MEIRELLES, Hely Lopes. *Direito administrativo brasileiro*. 31. ed. São Paulo: Malheiros, *2005*; dentre outros.

[240] Para ilustrar, na mesma linha, o aresto do Supremo Tribunal Federal: "RECURSO EXTRAORDINÁRIO. MORTE DE DETENTO POR COLEGAS DE CARCERAGEM. INDENIZAÇÃO POR DANOS MORAIS E MATERIAIS. DETENTO SOB A CUSTÓDIA DO ESTADO. RESPONSABILIDADE OBJETIVA. TEORIA DO RISCO ADMINISTRATIVO. Responsabilidade de reparar o dano que prevalece ainda que demonstrada a ausência de culpa dos agentes públicos. [...] 5. Recurso extraordinário a que se nega provimento" (STF, RE n. 272839/MT, Rel. Min. Gilmar Mendes, julgamento em 1-2-2005, DJ 8-4-2005, p. 38).

[241] O acórdão ficou assim ementado: "RESPONSABILIDADE DO ESTADO – NATUREZA – ANIMAIS EM VIA PÚBLICA – COLISÃO. A responsabilidade do Estado (gênero), prevista no § 6º do artigo 37 da Constituição Federal, é objetiva. O dolo e a culpa nele previstos dizem respeito à ação de regresso. Responde o Município pelos danos causados a terceiro em virtude da insuficiência de serviço de fiscalização visando à retirada, de vias urbanas, de animais" (STF, RE n. 180.602-8/SP, Rel. Min. Marco Aurélio, julgamento em 15-12-1998).

Conforme analisa Monteiro, nota-se na ementa do referido caso que o relator deixa claro que a responsabilidade é objetiva, porém, ao final, aposta a expressão "insuficiência do serviço", não conseguindo resistir à "sedução da doutrina da culpa administrativa (*rectius*: culpa anônima)", que pressupõe a responsabilidade subjetiva.[242] Inclusive no corpo do acórdão, esse entendimento fica evidente quando consigna que não demonstrada a existência de culpa por parte do Estado em sua omissão.

Ainda acerca da responsabilidade objetiva em atos omissivos, muito embora o Superior Tribunal de Justiça tenha predominância pela responsabilidade subjetiva em atos omissivos do Estado, aquela Corte Superior já teve julgados em que caracterizou a omissão como responsabilidade objetiva. É o que se infere do Recurso Especial n. 474.986/SP, que optou pela responsabilidade objetiva em ato omissivo, em que ficou consignada a causa e efeito entre a omissão e o dano suportado.[243]

Justen Filho possui posição peculiar, em que defende o dever específico de diligência e o tratamento unitário para ações e omissões estatais. Para o autor, o ato omissivo "importa incompatibilidade material com o dever geral de diligência, o que dispensa maiores

---

[242] MONTEIRO FILHO, Carlos Edison do Rêgo. Problemas de Responsabilidade Civil do Estado. In: FREITAS, Juarez (Org.). *Responsabilidade Civil do Estado*. São Paulo: Malheiros Editores, 2006, p. 51.

[243] PROCESSUAL CIVIL. AÇÃO INDENIZATÓRIA. BURACO EM PASSEIO PÚBLICO. QUEDA DE MUNÍCIPE. AUSÊNCIA DE TAMPA DE PROTEÇÃO OU SINALIZAÇÃO NO LOCAL. DEMONSTRAÇÃO DE RELAÇÃO DE CAUSA E EFEITO ENTRE O ATO OMISSIVO E O ACIDENTE. RESPONSABILIDADE OBJETIVA POR OMISSÃO. DANOS IRREVERSÍVEIS E IRREPARÁVEIS. INCAPACITAÇÃO PARCIAL. INDENIZAÇÃO DEVIDA. PRECEDENTE. 1. Recurso Especial interposto contra v. Acórdão que julgou improcedente ação de indenização por danos sofridos com a queda da recorrente em buraco no passeio público. 2. Para que se configure a responsabilidade objetiva do ente público, basta a prova da omissão e do fato danoso e que deste resulte o dano material ou moral. 3. O exame dos autos revela que está amplamente demonstrado que o acidente ocorreu, que das sequelas dele decorreram danos irreversíveis e irreparáveis e que não havia tampa de proteção no buraco ou sinalização que pudesse tê-lo evitado. 4. A ré só ficaria isenta da responsabilidade civil se demonstrasse – o que não foi feito – que o fato danoso aconteceu por culpa exclusiva da vítima. 5. A imputação de culpa lastreia-se na omissão da ré no seu dever de, em se tratando de via pública (passeio público), zelar pela segurança dos munícipes e pela prevenção de acidentes. 6. Jurisdição sobre o passeio público de competência da ré e a ela incumbe a sua manutenção e sinalização, advertindo, caso não os conserte, os transeuntes dos perigos e dos obstáculos que se apresentam. A falta no cumprimento desse dever caracteriza a conduta negligente da Administração Pública e a torna responsável pelos danos que dessa omissão advenham. 7. Os tributos pagos pelos munícipes devem ser utilizados, em contrapartida, para o bem-estar da população, o que implica, dentre outras obras, a efetiva melhora das vias públicas (incluindo aí as calçadas e passeios públicos). 8. Estabelecido o nexo causal entre a conduta omissiva e o acidente ocorrido, responde a ré pela reparação dos prejuízos daí decorrentes. 9. Precedente da 1ª Turma desta Corte Superior. 10. Recurso provido (REsp n. 474.986/SP, Rel. Min. José Delgado, Primeira Turma, julgado em 10-12-2002, DJ 24-2-2003, p. 215).

cogitações acerca do aspecto subjetivo do agente".[244] O autor divide atos omissivos em próprios e impróprios e defende a tese de que nos casos de ilícito omissivo próprio – quando o Estado deixa de agir quando legalmente obrigado para tanto –, a omissão é equiparada aos atos comissivos para efeito de responsabilidade civil do Estado, tornando-se objetiva quando deixa de praticar ato que deveria fazer de ofício, em razão de expressa previsão legal.[245] Aduz ainda que a problematização diz respeito aos atos omissivos impróprios, quando a norma visa a impedir o resultado do dano por meio de adoção de cautela, devendo verificar se houve ou não dever de diligência especial para ensejar a responsabilização.[246]

Há também posicionamento no que diz respeito à omissão específica do Estado Constitucional, ou seja, quando a inércia administrativa é causa direta e imediata do não impedimento do evento.[247] Omissão específica é identificada quando, por um ato comissivo, o Estado acaba por desencadear uma situação propícia para a ocorrência do evento danoso. Também há omissão específica decorrente de determinadas obrigações legais. Típico exemplo nas omissões pela falta de manutenção das ruas urbanas, que prejudicam o direito de ir e vir, conforme previsão do § 3º do artigo 1º do Código de Trânsito Brasileiro, em que os órgãos e entidades componentes do Sistema Nacional de Trânsito respondem, no âmbito das respectivas competências, objetivamente, por danos causados aos cidadãos em virtude de ação, omissão ou erro na execução e manutenção de programas, projetos e serviços que garantam o exercício do direito ao trânsito seguro.[248]

---

[244] JUSTEN FILHO, Marçal. *Curso de Direito Administrativo*. 5. ed. São Paulo: Saraiva: 2010, p. 1219.

[245] JUSTEN FILHO, op. cit., p. 234.

[246] Idem, p. 235.

[247] Exemplifica Motta que seria omissão genérica do Estado o fato de uma pessoa ser atingida por um projétil de bala perdida, uma vez que este não tinha conhecimento do evento a ponto de evitar sua ocorrência. No sentido oposto, trata-se de omissão específica o fato de o Estado ser informado de que em determinada passagem subterrânea ocorrem, diariamente, diversos estupros, não tomando providências, o que gera novos eventos danosos, de modo que estes poderiam ser evitados pela presença repressiva estatal. In: MOTTA, Bruno Rodrigues. *Responsabilidade civil do estado pela desvalorização imobiliária*. Revista da Ordem dos Advogados do Brasil – OAB. Disponível em: <http://www.oab.org.br/editora/revista/users/revista/1211290361174218181901.pdf>. Acesso em: 23 set. 2015, p. 14-15.

[248] A propósito, extrai-se de decisão oriunda do Tribunal de Justiça de Santa Catarina: "Cediço que o ordenamento jurídico pátrio albergou a responsabilização objetiva da Administração Pública, lastreada na teoria do risco administrativo, como denota, à evidência, o art. 37, § 6º, da Constituição Federal. [...] É importante demarcar que, mesmo nos casos de omissão administrativa, a responsabilidade é objetiva por conta da previsão especial e específica do § 3º do art. 1º do Código de Trânsito Brasileiro, segundo quem 'os órgãos e entidades componentes do Sistema Nacional de Trânsito respondem, no âmbito das respectivas competências, objetivamente, por

Ainda passível de muitas discussões na seara jurisprudencial e pendente de uma solução definitiva no Supremo Tribunal Federal, a responsabilidade objetiva por omissão do Estado também encontra-se em sede de repercussão geral. A proposta foi feita pelo Ministro Gilmar Mendes e reconhecida pela Corte Suprema em processo que discute se a Prefeitura de São Paulo foi ou não omissa em fiscalizar e impedir a comercialização indevida de fogos de artifício em ambiente residencial que resultou em forte explosão. A questão será analisada por meio do Recurso Extraordinário n. 136.861/SP.[249]

Essas divergências doutrinárias e jurisprudenciais na adoção da responsabilidade subjetiva ou objetiva decorrente de atos omissivos do Estado Constitucional possuem um deslinde extremamente prático no mundo dos fatos quando do ingresso de ações indenizatórias fundadas na omissão estatal. A opção pela tese da responsabilidade objetiva nos atos omissivos invariavelmente ensejará, em sua grande maioria, a procedência das demandas desse gênero, porquanto não há necessidade de comprovar a culpa estatal.[250] Ao passo que, acatada a tese da responsabilidade subjetiva, diante das dificuldades de produzir prova acerca da efetiva culpa do Estado nos atos omissivos, haverá, em sua grande maioria, a improcedência das demandas judiciais.

Todas essas questões aqui tratadas, além de demonstrar a complexidade e amplitude dos debates em torno da responsabilidade civil do Estado por omissão, uma vez que emergem divergências entre os posicionamentos propostos com argumentos relevantes para ambos os lados, servem de pano de fundo para cotejar as escolhas administrativas que ensejam a responsabilidade do Estado Constitucional por omissão na efetividade dos direitos fundamentais, cujo tópico será tratado adiante.

---

danos causados aos cidadãos em virtude de ação, omissão ou erro na execução e manutenção de programas, projetos e serviços que garantam o exercício do direito do trânsito seguro'" (SANTA CATARINA, Tribunal de Justiça, 2013.090140-3, Relator: Des. Pedro Manoel Abreu, 2014).

[249] O Ministro Gilmar Mendes, ao apontar a repercussão geral, disse: "A matéria, para mim, parece que é realmente de grande relevância porque, de fato, o que se discute aqui é se teria havido a omissão da municipalidade – um município gigantesco como São Paulo – porque houve o pedido, mas enquanto isso não havia possibilidade de que o requerente instalasse uma loja ou qualquer atividade concernente a fogos de artifício". Segundo Gilmar Mendes, "na espécie, verifica-se que a questão constitucional tratada – responsabilidade objetiva pela omissão em fiscalizar atividade não autorizada pela municipalidade – tem notória importância na responsabilidade civil do Estado e necessita ser pacificada pelo Plenário desta Casa". Disponível em: <http://www.stf.jus.br/portal/cms/verNoticiaDetalhe.asp?idConteudo=170747>. Acesso em: 23 set. 2015.

[250] MONTEIRO FILHO, op. cit., p. 49.

3.2. Proporcionalidade, prevenção e precaução

O ordenamento jurídico brasileiro prescreve alguns princípios a serem respeitados pelo Estado no cumprimento de seus deveres na sociedade, de modo que possíveis consequências negativas não atinjam o núcleo essencial dos direitos fundamentais. É claro que não se pode exigir que o Estado se transforme em uma espécie de segurador universal, a ponto de nunca falhar em suas obrigações; há que se pretender uma coisa que é manifestamente impossível de ser realizada. Entretanto, também não se pretende salvaguardar a concepção de irresponsabilidade estatal passiva e arbitrária. É por isso que Freitas afirma que a omissão do Estado, na maior ou menor extensão, constitui flagrante ofensa ao princípio da proporcionalidade.[251] Tal princípio constitui importante limitador aos abusos cometidos por atos do Poder Público, uma vez que exige do Estado uma posição equilibrada para não agir com demasia, tampouco de maneira insuficiente na consecução dos objetivos constitucionais.

O princípio da proporcionalidade, também descrito como proibição do excesso, originariamente foi concebido como limitação do Poder Executivo, na medida em que é considerado como forma de restrição administrativa da liberdade individual. Espraiou-se no direito administrativo como princípio geral do poder de polícia, alcançando posteriormente *status* de princípio constitucional.[252]

Foi a partir do Tribunal Constitucional Federal alemão que o princípio da proporcionalidade ganhou relevo e expressão como essência dos direitos fundamentais.[253] O Tribunal Constitucional Federal alemão entende que as restrições ao exercício de direitos fundamentais, para serem compatíveis com o Estado de Direito, devem ser fixadas respeitando-se a presunção elementar de liberdade e a máxima constitucional da proporcionalidade e da razoabilidade.[254] Apesar de o princípio da proporcionalidade não se encontrar explicitado no texto da Lei Fundamental de Bonn de 1949, hoje a doutrina e a jurisprudência alemãs reconhecem o seu caráter de princípio implícito, decorrente da cláusula do Estado de Direito, possuindo *status* de norma constitucional não escrita.

---

[251] FREITAS (2007), op. cit., p. 62.

[252] CANOTILHO, op. cit., p. 266-267.

[253] Escreve Sarmento que "a constitucionalização do princípio da proporcionalidade no direito continental europeu só veio a ocorrer após a Segunda Guerra Mundial, na Alemanha, como reação às barbaridades cometidas pelo legislador nazista". In: SARMENTO, Daniel. *A Ponderação de Interesses na Constituição Federal*. Rio de Janeiro: Lumen Juris, 2003, p. 80.

[254] ALEXY, op. cit., p. 133.

O princípio da proporcionalidade no Tribunal Constitucional Federal alemão decorreu da preocupação com a proteção dos direitos fundamentais em face dos possíveis abusos do legislador.[255] O Tribunal Constitucional Federal alemão definiu o princípio da proporcionalidade como sendo o meio utilizado pelo legislador, adequado e necessário, ao objetivo buscado. "O meio é adequado quando com o seu auxílio se pode alcançar o resultado pretendido; é necessário quando o legislador não puder escolher outro meio, igualmente eficaz, mas que não limite ou limite de maneira menos sensível o direito fundamental".[256]

Escreve Scholler que o Tribunal Constitucional Federal alemão entende que, "a partir da ideia de uma relação entre os fins e os meios, sempre acentuou que a natureza da vinculação do legislador justamente se caracteriza pelo fato de que ele se encontra sujeito ao controle do Tribunal no que diz respeito à observância do princípio da proporcionalidade".[257]

A aplicação do princípio da proporcionalidade no direito brasileiro, especialmente no que tange aos atos estatais, é ideia consagrada na jurisprudência do Supremo Tribunal Federal. No julgamento da ADIMC-1407/DF, relatada pelo Ministro Celso de Mello, em 2000, restou demonstrado que esse princípio se manifesta como ferramenta destinada a inibir e neutralizar os abusos do Poder Público no exercício de suas funções, para que seus atos não se afastem dos parâmetros constitucionais de validade.[258]

---

[255] SARMENTO, op. cit., p. 80.

[256] MALISKA, op. cit., p. 6.

[257] SCHOLLER, Heinrich. *O Princípio da Proporcionalidade no Direito Constitucional e Administrativo da Alemanha*. Tradução: Ingo Wolfgang Sarlet. *Revista Interesse Público*, n. 2, abr./jun. 1999, p. 93-107. Porto Alegre: Notadez, 1999, p. 103. Em 1951, em uma de suas primeiras decisões, o Tribunal Constitucional alemão assentou que sua função se limitava a apreciar a legitimidade jurídica de uma norma (*die Rechtsmäßigkeit einer Norm*), não de verificar a sua conveniência (*Zweckmäßigkeit*). No entanto, igualmente afirmou que saber se a Lei Fundamental concede ao legislador liberdade discricionária e quais são seus limites é uma questão jurídica para a qual o Tribunal Constitucional é competente para se pronunciar. In: Maliska, op. cit., 6.

[258] Escreve Sarmento que o Supremo Tribunal Federal somente reconheceu, de forma explícita, o princípio da proporcionalidade quando da decisão do pedido de liminar da Ação Direta de Inconstitucionalidade (ADIN) n. 855-2, de 1-6-1993, em que se discutia a constitucionalidade da Lei do Estado do Paraná, cujo aresto ficou assim ementado: "Gás liquefeito de petróleo: lei estadual que determina a pesagem de botijões entregues ou recebidos para substituição à vista do consumidor, com o pagamento imediato da eventual diferença a menor: arguição de inconstitucionalidade fundada nos arts. 22, IV e VI (energia e metrologia), 24 e parágrafos, 25, § 2°, e 238, além de violação ao princípio da proporcionalidade e razoabilidade das leis restritivas de direitos: plausibilidade jurídica da argumentação que aconselha a suspensão cautelar da lei impugnada, a fim de evitar danos irreparáveis à economia do setor, no caso de vir a declarar-se a inconstitucionalidade. Liminar deferida". In: SARMENTO, op. cit., p. 93.

Tavares afirma que a respeito do princípio da proporcionalidade, não se pode dizer que existe na lei a sua previsão exata.[259] Todavia, na melhor interpretação dada ao artigo 5°, § 2°, da Constituição Federal de 1988, é possível contemplá-lo mesmo que implicitamente, eis que os direitos e garantias expressos pelo texto constitucional não excluem outros decorrentes do regime e dos princípios adotados, ou dos tratados internacionais de que a República Federativa do Brasil seja parte. Além disso, embora não exista sua exata previsão, isso não impede seu reconhecimento, pois é uma imposição natural de qualquer sistema constitucional de garantias fundamentais.[260]

O princípio da proporcionalidade serve de argumento para inúmeros debates jurídicos, seja para a solução de conflitos entre direitos ou princípios, conforme interesses envolvidos no caso concreto, seja no campo do Direito Público, no qual, por meio dele, tenta-se coibir os abusos do poder estatal, exigindo-se o mínimo de razoabilidade. Nesse viés, impõe-se, aos atos estatais, racionalidade. No âmbito dos direitos fundamentais, segundo Klatt e Meister há um firme consenso de que as execuções de teste de proporcionalidade desempenham um papel indispensável. Uma de suas principais funções é justamente a solução de eventuais conflitos na seara jusfundamental, porquanto é elemento central no atual constitucionalismo moderno.[261]

O princípio da proporcionalidade possui essa dupla face, já que visa a proteger os direitos fundamentais tanto dos excessos cometidos pelos atos estatais quanto por suas omissões. Assim, pode-se dizer que às vezes não é pelo excesso, mas sim pela falta ou fragilidade dos serviços do Estado que se ofendem os direitos fundamentais. Na lição de Streck, "este duplo viés do princípio da proporcionalidade decorre da necessária vinculação de todos os atos estatais à materialidade da Constituição, e que tem como consequência a sensível diminuição da discricionariedade".[262]

A estrutura do princípio da proporcionalidade parte do pressuposto de garantias positivas e negativas, uma vez que protege contra os excessos do Estado, mas também mostra relevante preocupação do sistema jurídico pelo fato de o Estado não proteger suficientemente

---

[259] TAVARES, André Ramos. *Curso de Direito Constitucional*. 2. ed. São Paulo: Saraiva, 2003, p. 531.

[260] NUNES, Rizzatto. *O Princípio Constitucional da Dignidade da Pessoa Humana:* Doutrina e Jurisprudência. 3. ed. São Paulo: Saraiva, 2010, p. 55.

[261] KLATT, Matthias; MEISTER, Moritz. *The Constitutional Structure of Proportionality*. Oxford: Oxford University Press, 2012, p. 2.

[262] STRECK, Lenio Luiz. *Da proibição do excesso (Übermassverbot) à proibição de proteção deficiente (Untermassverboten): de como não há blindagem contra normas penais inconstitucionais*. Revista do Instituto de Hermenêutica Jurídica. v. 1, n. 2. Porto Alegre: IHJ, 2004, p. 254.

os direitos fundamentais.²⁶³ Essa dupla perspectiva das funções do Estado Constitucional destaca também a proibição de abstenção ou omissão estatal, quando deveria prevenir ou reprimir práticas atentatórias aos direitos fundamentais. Essa dupla face de proteção dos direitos fundamentais – a proteção positiva e a proteção contra omissões estatais – é exigida e plenamente justificada, uma vez que a inconstitucionalidade pode ser decorrente de excesso do Estado, como também por deficiência na proteção.²⁶⁴

A concretização dos direitos fundamentais a partir do princípio da proporcionalidade faz com que se mantenha um equilíbrio das atribuições do Estado Constitucional. A sua intervenção deve ser determinada de modo a não permitir que o Estado, sob o argumento da proteção dos direitos fundamentais, atinja mais gravemente outro direito fundamental. Não lhe é permitido ir além do razoável, do necessário. Quando o Estado Constitucional, por meio de seus órgãos e agentes, afeta desproporcionalmente um direito fundamental sob o argumento da proteção, a aplicação da proporcionalidade serve como controle de constitucionalidade das medidas restritivas impostas. Nessa perspectiva, há a atuação como direitos de defesa a partir das

---

[263] STRECK, Lenio Luiz. *Bem jurídico e Constituição*: da proibição de excesso (*übermassverbot*) à proibição de proteção deficiente (*untermassverbot*) ou de como não há blindagem contra normas penais inconstitucionais. Disponível em: <http://leniostreck.com.br/index.php?option=com_docman&Itemid=40>. Acesso em: 10 out. 2011, p. 8.

[264] STRECK, Lenio Luiz. *O dever de proteção do Estado (Schutzpflicht)*: o lado esquecido dos direitos fundamentais ou "qual a semelhança entre os crimes de furto privilegiado e o tráfico de entorpecentes?". Disponível em: <http://leniostreck.com.br/index.php?option=com_docman&Itemid=40>. Acesso em: 10 out. 2015, p. 3. Escrevem Branco, Coelho e Mendes que "a doutrina identifica como típica manifestação do excesso de poder legislativo a violação do princípio da proporcionalidade ou da proibição de excesso (*Verhältnismässigkeitsprinzip*; *Übermassverbot*), que se revela mediante contraditoriedade, incongruência e irrazoabilidade ou inadequação entre meios e fins. No direito constitucional alemão, outorga-se ao princípio da proporcionalidade (*Verhältnismässigkeits*) ou ao princípio da proibição de excesso (*Übermassverbot*) qualidade de norma constitucional não escrita. [...] Essa orientação, que permitiu converter o princípio da reserva legal (*Gesetzesvorbehalt*) no princípio da reserva legal proporcional (*Vorbehalt des verhältnismässigen*), pressupõe não só a legitimidade dos meios utilizados e dos fins perseguidos pelo legislador, mas também a adequação desses meios para consecução dos objetivos pretendidos (*Geeignetheit*) e a necessidade de sua utilização (*Notwendigkeit oder Erforderlichkeit*). [...] Ao lado da ideia da proibição do excesso, tem a Corte Constitucional alemã apontado a lesão ao princípio da proibição da proteção insuficiente. Schlink observa, porém, que se o Estado nada faz para atingir um dado objetivo para o qual deva envidar esforços, não parece que esteja a ferir o princípio da proibição da insuficiência, mas sim um dever de atuação decorrente do dever de legislar ou de qualquer outro dever de proteção. Se se comparam, contudo, situações do âmbito das medidas protetivas, tendo em vista a análise de sua eventual insuficiência, tem-se uma operação diversa da verificada no âmbito da proibição do excesso, na qual se examinam as medidas igualmente eficazes e menos invasivas. Daí concluiu que 'a conceituação de uma conduta estatal como insuficiente (*untermässig*), porque 'ela não se revela suficiente para uma proteção adequada e eficaz', nada mais é, do ponto de vista metodológico, do que considerar referida conduta como desproporcional em sentido estrito (*unverhältnismässig im engerem Sinn*)'". BRANCO, Paulo Gustavo Gonet; COELHO, Inocêncio Mártires; MENDES, Gilmar Ferreira. *Curso de direito constitucional*. São Paulo: Saraiva, 2009, p. 364-367.

proibições de intervenção, uma espécie de direitos subjetivos em sentido negativo.[265]

Sem adentrar somente o campo específico dos direitos fundamentais prestacionais e suas divisões propostas por Alexy, cuja aplicação do princípio da proporcionalidade se torna de importância nuclear, muito embora vincule, de certa forma, todo o conteúdo jusfundamental, sobretudo em relação à proteção insuficiente gerada por constantes omissões estatais, imperioso asseverar a necessidade de que o Estado crie mecanismos efetivos ao exercício desses direitos.[266]

Nesse sentido, já decidiu o Supremo Tribunal Federal acerca do exercício do direito fundamental à educação, ao asseverar que o Estado está obrigado a criar os pressupostos fáticos necessários ao exercício efetivo dos direitos fundamentais, uma vez que esses não possuem somente uma proibição de intervenção, mas também há exigência de proteção, que compreende as proibições de excesso e de proteção insuficiente.[267]

---

[265] SARLET, Ingo Wolfgang. *Direitos Fundamentais e Proporcionalidade*: notas a respeito dos limites e possibilidades de aplicação das categorias da proibição de excesso e de insuficiência em matéria criminal. In: Revista da Ajuris, v. 35, n. 109, mar. 2008, p. 155.

[266] Alexy propõe a divisão dos direitos fundamentais prestacionais em sentido amplo e sentido estrito: "Os direitos prestacionais em sentido amplo compreendem a existência de três grupos, a saber, (i) os direitos à proteção; (ii) os direitos à organização e processo; e (iii) os direitos a prestações em sentido estrito. Esses direitos somente são direitos fundamentais prestacionais quando se tratam de direitos subjetivos e constitucionais. Os direitos a prestações em sentido estrito, também chamados de direitos fundamentais sociais, se caracterizam como os direitos do indivíduo a algo em face do Estado que, caso tenha condições financeiras e estejam disponíveis no mercado, pode o indivíduo também obter de particulares. São típicos direitos fundamentais sociais os direitos à assistência, ao trabalho, à moradia e à educação". Seguindo a interceptação de Alexy, "os direitos à proteção, por sua vez, são aqueles direitos perante o Estado que objetivam uma proteção em face da agressão de um terceiro. Diz Alexy que não apenas os direitos à vida e à saúde são possíveis bens a serem protegidos, mas todos que sob o aspecto jusfundamental sejam merecedores da proteção, como, por exemplo, a dignidade, a liberdade, a família e a propriedade. [...] A delimitação das esferas e a sua aplicação e exigibilidade é uma clássica função da ordem jurídica. Alexy resume, assim, os direitos à proteção como direitos constitucionais em face do Estado para que dê forma e aplicação, em um determinado sentido, à ordem jurídica, considerando a relação entre direitos subjetivos igualmente ordenados. Por fim, os direitos à organização e processo implicam em um complexo de questões pertinentes à sua conceituação, delimitação, judicialização e tipos que remetem a discussão a distintos campos de análise". In: MALISKA, op. cit., p. 8-10.

[267] A decisão em questão foi proferida pelo Ministro Gilmar Mendes no pedido de Suspensão de Tutela Antecipada STA 241 acerca do pleno exercício do direito à educação. A propósito, extrai-se da decisão: "Tem relevância, na espécie, a dimensão objetiva do direito fundamental à educação e a proteção da criança e do adolescente. Segundo esse aspecto objetivo, o Estado está obrigado a criar os pressupostos fáticos necessários ao exercício efetivo destes direitos. Como tenho analisado em estudos doutrinários, os direitos fundamentais não contêm apenas uma proibição de intervenção (*Eingriffsverbote*), expressando também um postulado de proteção (*Schutzgebote*). Haveria, assim, para utilizar uma expressão de Canaris, não apenas uma proibição de excesso (*Übermassverbot*), mas também uma proibição de proteção insuficiente (*Untermassverbot*) (Claus-Wilhelm Canaris, *Grundrechtswirkungen um Verhältnismässigkeitsprinzip in der richterlichen Anwendung und Fortbildung des Privatsrechts*, JuS, 1989, p. 161). Nessa dimensão objetiva, também assume relevo a perspectiva dos direitos à organização e ao procedimento

Segundo Sarlet, "a noção de proporcionalidade não se esgota na categoria da proibição de excesso, já que vinculada igualmente a um dever de proteção por parte do Estado, inclusive quanto a agressões contra direitos fundamentais provenientes de terceiros".[268] Trata-se de afastar o campo de incidência ampla da discricionariedade, a fim de impor controles, inclusive, pelo próprio Poder Judiciário. É a típica perspectiva objetiva dos direitos fundamentais, em que o poder estatal deve propiciar mecanismos por meio de organização e procedimento para atingir a finalidade imposta pela interpretação sistemática da Constituição.[269]

Para fazer um melhor juízo, a fim de se evitar desproporções, para mais ou para menos, o princípio da proporcionalidade vem sendo aplicado observando-se outros três subprincípios, também chamados de elementos do princípio da proporcionalidade, que servem como parâmetro para se identificar a escolha mais razoável a ser tomada. Frise-se que se fala razoável exatamente porque o que se pretende é preservar o máximo para restringir o mínimo dos direitos fundamentais, já que por inúmeras vezes a lesão será inevitável.

Não por acaso, uma das teses fundamentais expostas na teoria dos direitos fundamentais é que essa definição (os direitos fundamen-

---

(*Recht auf Organization und auf Verfahren*), que são aqueles direitos fundamentais que dependem, na sua realização, de providências estatais com vistas à criação e conformação de órgãos e procedimentos indispensáveis à sua efetivação. Parece lógico, portanto, que a efetividade do direito ao ensino fundamental obrigatório e gratuito, especialmente para crianças e adolescentes, não prescinde da ação estatal positiva no sentido da criação de certas condições fáticas, sempre dependentes dos recursos financeiros de que dispõe o Estado, e de sistemas de órgãos e procedimentos voltados a essa finalidade. De outro modo, estar-se-ia a blindar, por meio de um espaço amplo de discricionariedade estatal, situação fática indiscutivelmente repugnada pela sociedade, caracterizando-se típica hipótese de proteção insuficiente por parte do Estado, num plano mais geral, e do Judiciário, num plano mais específico" (STF, Suspensão de Tutela Antecipada – STA 241, decisão monocrática sob a presidência do Min. Gilmar Mendes, 10 out. 2008. Disponível em: <http://www.stf.jus.br/portal/processo/verProcessoAndamento.asp?incidente=2620579>. Acesso em: 1 out. 2015).

[268] SARLET, Ingo Wolfgang. *Constituição e Proporcionalidade: o direito penal e os direitos fundamentais entre proibição de excesso e de insuficiência*. In: Revista de Estudos Criminais n. 12, ano 3. Sapucaia do Sul: Editora Nota Dez, 2003, p. 86.

[269] Escreve Feldens que "uma vez reconhecido que pesa sobre o Estado o dever de proteção de um direito fundamental, logicamente que a eficácia da proteção constitucionalmente requerida integrará o próprio conteúdo desse dever, pois um dever de tomar medidas ineficazes não faria sentido. Nesse tom, a partir do momento em que compreendemos que a Constituição proíbe que se desça abaixo de um certo mínimo de proteção, a proporcionalidade joga, aqui, como proibição de proteção deficiente. Diversamente do que sucede com a proibição de intervenção (excessiva), a função de imperativo de tutela pressupõe uma deliberação sobre o 'se' e o 'como' da proteção, circunstância que torna sua operacionalização mais difícil em relação àquela. Observe-se: enquanto na proibição de intervenção excessiva a legitimidade da ação estatal é questionada em face de uma medida específica (precisamente aquela que foi adotada), na hipótese de um imperativo de tutela a justificação há de estabelecer-se em face de um arsenal de medidas de possível adoção à proteção do direito fundamental (civis, administrativas, penais etc.)". *In*: FELDENS, Luciano. *Direitos fundamentais e direito penal*. Porto Alegre: Livraria do Advogado, 2008, p. 90-91.

tais como princípios) implica o princípio da proporcionalidade, com seus três subprincípios, idoneidade, necessidade e proporcionalidade em sentido estrito, e vice-versa: que o caráter de princípios dos direitos fundamentais se segue logicamente do princípio da proporcionalidade.[270] De acordo com o exposto, o princípio da proporcionalidade abrange os subprincípios da adequação entre meios e fins, da necessidade e da proporcionalidade em sentido estrito.

Segundo Freitas, o princípio da adequação entre meios e fins exige do examinador que os meios escolhidos sejam aptos a atingir o fim determinado, de forma que se mostram inadequados à insuficiência ou à omissão antijurídica causadora do dano.[271] Para Scholler, a adequação "significa que o estado gerado pelo poder público por meio do ato administrativo ou da lei e o estado no qual o fim almejado pode ser tido como realizado situam-se num contexto mediado pela realidade à luz de hipóteses comprovadas".[272]

Já com relação ao subprincípio da necessidade, pode-se afirmar que este "equivale à melhor escolha possível, dentre os meios adequados, para atingir os fins. Traduz-se na escolha que corresponder ao menor ônus para o cidadão. Ou seja, esse subprincípio impõe a 'justificável inafastabilidade dos meios mobilizados pelo Poder Público'".[273] Segundo Scholler, "a necessidade, por sua vez, significa que não existe outro estado que seja menos oneroso para o particular e que possa ser alcançado pelo poder público com o mesmo esforço ou, pelo menos, sem um esforço significativamente maior".[274]

E, por fim, o subprincípio da proporcionalidade em sentido estrito significa a "ponderação de bens propriamente dita", pois por meio dele se identifica não só a idoneidade dos meios para se atingir os fins, mas também o ônus a ser arcado.[275] É ele quem "faz a conta dos ganhos e das perdas, ao apurar se os ônus não são desmesurados".[276] Escreve Canotilho que o subprincípio da proporcionalidade em sentido estrito deve ser entendido como princípio da "justa medida".[277] Os meios e os fins devem ser equacionados por meio de um juízo de

---

[270] ALEXY, Robert. *Epílogo a La Teoria de Los Derechos Fundamentales*. Centro de Estudios Políticos e Constitucionales, Madrid, *Revista Española de Derecho Constitucional*, Ano 22, n. 66, p. 26, set/dez 2002, p. 26.

[271] FREITAS (2007), op. cit., p. 68.

[272] SCHOLLER, op. cit., p. 105.

[273] FREITAS (2007), op. cit., p. 68.

[274] SCHOLLER, op. cit., p. 106.

[275] STEINMETZ, op. cit., p. 152.

[276] FREITAS (2007), op. cit., p. 68.

[277] CANOTILHO, op. cit., p. 270.

ponderação para avaliar se a escolha feita é desproporcional ou não em relação aos fins que se deseja alcançar.

A máxima da proporcionalidade em sentido estrito decorre da relativização face às possibilidades jurídicas. Já as máximas da necessidade e da adequação decorrem da natureza dos princípios como mandamentos de otimização em face das possibilidades fáticas.[278]

Pode-se dizer que o princípio da proporcionalidade tem a finalidade de proteger os direitos fundamentais, garantindo-os segundo as possibilidades fáticas e jurídicas, sendo que, "autoriza somente restrições ou limitações que sejam adequadas, necessárias, racionais ou razoáveis".[279] Assim, passada pelo teste da análise da proporcionalidade, será antijurídica toda conduta comissiva ou omissiva do Estado que extrapolar aquilo que é considerado normal e justificável, e uma vez configurada a antijuridicidade, haverá o nexo causal e o consequente dever de indenizar.[280] É o primado do Estado da proporcionalidade, em que o Estado Constitucional se utiliza dessa interpretação axiológica constitucional para coibir arbitrariedades pelo excesso ou por omissão.

Como a omissão desproporcional na seara dos direitos fundamentais pode gerar a responsabilidade estatal, muitas vezes o próprio Estado Constitucional se utiliza da construção dogmática em torno da reserva do possível como excludente de responsabilidade para eximir-se de concretizar direitos fundamentais.

No Brasil, a efetivação de direitos fundamentais, notadamente dos direitos sociais, está ligada diretamente na dependência de recursos públicos, diferentemente dos direitos de liberdade, que não importam em custos elevadíssimos para os cofres do erário. Escreve Barcellos que "a diferença entre os direitos sociais e os individuais, no que toca ao custo, é uma questão de grau, e não de natureza".[281] Muito embora os direitos sociais necessitem de mais recursos, não quer dizer que os direitos individuais também não têm custo para o erário. O argumento que afastava o atendimento dos direitos sociais pelo simples fato de que eles demandam ações estatais e de que custam dinheiro não se sustenta, porquanto a proteção dos direitos individuais também possui custos, apesar de se estar acostumado a eles.[282]

---

[278] ALEXY, op. cit., p. 117-118.

[279] STEINMETZ, op. cit., p. 155.

[280] FREITAS (2007), op. cit., p. 77.

[281] BARCELLOS, Ana Paula de. *A eficácia jurídica dos princípios constitucionais: o princípio da dignidade da pessoa humana*. Rio de Janeiro: Renovar, 2002, p. 238.

[282] BARCELLOS, op. cit., p. 238.

Os direitos de defesa cuidam de "preservar e proteger determinada posição (conservação de uma posição existente)", ao passo que os "direitos sociais de natureza positiva (prestacional) pressupõem que seja criada ou colocada à disposição a prestação que constitui seu objeto, já que objetivam a realização da igualdade material, no sentido de garantirem a participação do povo na distribuição pública de bens materiais e imateriais".[283]

Tais alegações remetem às reflexões de Canotilho para quem a falta de recursos equivale praticamente a um "grau zero de garantia".[284] Essa retórica argumentação, amparada em uma construção dogmática da reserva do possível (*Vorbehalt des Möglichen*), tende a sugerir que para efetividade dos direitos fundamentais como saúde, educação, moradia, segurança, dentre outros, é necessário quando e enquanto existir recursos públicos para tal desiderato.[285] O autor expressamente assevera que condicionar a efetividade de tais direitos jusfundamentais à existência de "cofres cheios" equivale, na prática, a "nenhuma vinculação jurídica".[286]

Notório que os recursos financeiros para efetividade material dos direitos fundamentais são limitados, contudo, há necessidade de que os órgãos estatais façam escolhas pautadas em critérios a partir da proporcionalidade para efetivação de tais direitos, ainda que se excluam eventuais beneficiários em detrimento de outros.[287]

---

[283] SARLET, op. cit., p. 261.

[284] CANOTILHO, op. cit., p. 446-451.

[285] "Foi o Tribunal Constitucional Alemão (TCA) o primeiro a proferir julgamento – caso do BverfGE 33, 303 (*numerus clausus*) – suscitando a construção jurídico-doutrinária da reserva do possível. Naquele caso, foram assentados dois mandamentos jurídicos para a concretização dos direitos fundamentais sociais: (1) a exigência racional de direitos; e (2) a averiguação dos reais esforços do Estado na satisfação e na proteção dos direitos fundamentais". Sobre a correta aplicação da tese da reserva do possível, esclarecedora é a lição de Costa (2008) em dissertação apresentada na Universidade Federal de Santa Catarina: "Quando o TCA construiu a tese da reserva do possível, ele estava buscando aferir os limites racionais de exigência de direitos, mas também procurava constatar o grau de cumprimento dos deveres estatais para com os direitos fundamentais. Dessa forma, a reserva do possível, em sua gênese, não foi construída como uma máxima absoluta e irracional voltada à inexigibilidade dos direitos fundamentais. Essa concepção é produto da recepção equivocada da reserva do possível pela jurisprudência brasileira. O TCA considerou a escassez de recursos e o orçamento público, mas não como um dogma absoluto, ou seja, um limite instransponível e imanente para a satisfação dos direitos fundamentais, pelo contrário, o TCA discutiu criticamente a questão orçamentária. Para o TCA, ao contrário do Judiciário pátrio, os direitos fundamentais não vigem sob a sombra de uma reserva do possível. No Brasil, a reserva do possível não foi utilizada para aferir o grau de esforço do Estado no cumprimento dos deveres constitucionais, tampouco visando constatar as reais possibilidades de aumento de alocação orçamentária para a máxima satisfação dos direitos fundamentais" In: BARATIERI, op. cit., p. 41-43.

[286] CANOTILHO, op. cit., p. 451.

[287] BARATIERI, op. cit., p. 41.

A reserva do possível é pressuposto nuclear para a ponderação na efetivação dos direitos fundamentais, da qual emerge a conjugação entre os seguintes elementos: (i) a razoabilidade da pretensão do particular; (ii) a disponibilidade financeira do Estado; e (iii) a aplicação das pautas constitucionais na fixação de prioridades orçamentárias. Logo, não serve a mera demonstração da falta de recursos públicos para atendimento das demandas constitucionais. É extremamente necessário que seja devidamente comprovado que não existem recursos ou por que foram alocados para o atendimento de outros direitos mais relevantes do que aquele reclamado.

Disso ressalta que o exame aprofundado das leis orçamentárias é fator preponderante para auferir se foi feita a disponibilidade financeira proporcional e adequada para cumprimento das imposições constitucionais. Segundo Barcellos, "imaginar que a influência da Constituição no que diz respeito aos gastos públicos se limitaria à formalidade de sua previsão orçamentária seria ignorar por completo a natureza normativa da Carta e dos fins materiais por ela estabelecidos".[288]

Para aplicação da reserva do possível, a real insuficiência de recursos deve ser materialmente comprovada pelo Poder Público. Não deve ser admitida que a tese seja utilizada como uma desculpa genérica para a omissão estatal no campo da efetivação dos direitos fundamentais. Contudo, se comprovado que mesmo com a alocação dos recursos no atendimento do mínimo existencial persista a carência orçamentária para atender a todas as demandas, somente assim a tese pode se sustentar. Nessas situações extremas, a escassez não teria origem na escolha de atividades não prioritárias, mas sim comprovada insuficiência orçamentária, não ocorrendo a omissão injustificável, motivo pelo qual se quebraria o nexo de causalidade para fins de eventual responsabilização.[289]

A governança pública, em matéria de efetividade dos direitos fundamentais com a alegação de reserva do possível, passa pelo crivo das escolhas proporcionais e legítimas a partir de um juízo axiológico que deve levar em conta a força vinculante da Constituição. Trata-se do direito fundamental à boa administração.

---

[288] BARCELLOS, op. cit., p. 242.

[289] Nesse sentido, a pontual e emblemática decisão do Superior Tribunal de Justiça no Recurso Especial n. 1185474/SC, acerca do direito subjetivo de vagas de crianças em creche e a alegação estatal de escassez de recursos públicos, amparada na aplicação da tese da reserva do possível, caso em que foi considerada como mera decisão política, desprovida de demonstração, em que aquela Corte ressaltou a importância e prevalência da efetividade dos direitos fundamentais ao mínimo existencial e o afastamento da alegação da reserva do possível com excelência argumentativa (STJ, Recurso Especial n. 1.185.474/SC, Rel. Min. Humberto Martins, julgado em 20-4-2010, DJU 29-4-2010).

Nota-se que o papel das escolhas administrativas legítimas nasce já na elaboração das leis orçamentárias, consoante previsão no artigo 165 da Constituição Federal de 1988, cuja competência do Poder Executivo é primordial. União, Estados e Municípios deveriam priorizar, nas leis orçamentárias, o preconizado nos artigos 1º e 3º da Carta Magna. E o papel do Legislativo, nos termos do artigo 166 do texto constitucional, que deveria ser de auferir concretamente se haverá a suficiência proporcional de recursos para efetividade dos direitos fundamentais, fica relegado a um segundo plano, uma vez que esse poder normalmente fica à mercê das vontades do Executivo por conta da maioria na formação da base parlamentar.[290]

Além do princípio da proporcionalidade e da reserva do possível como possível excludente de responsabilidade, outros dois princípios estão ganhando notoriedade em matéria de responsabilidade civil do Estado por omissão: são os princípios da prevenção e da precaução. É verdade que os referidos princípios são comumente invocados em matéria de Direito Ambiental, mas as suas diretrizes permitem aplicá-los em outros temas correlatos de Direito Público, já que ao final os propósitos são os mesmos: evitar danos aos direitos fundamentais.

O princípio da prevenção se revela como fonte exigível do cumprimento dos deveres do Estado de forma eficiente e eficaz, de modo a impedir o nexo causal de danos presumidamente possíveis de ocorrer, sob pena de recair o Estado em responsabilidade objetiva.[291] A sistemática decorrente do referido princípio reforça a ideia de que o Estado deve agir com uma dose mínima de sustentabilidade, visto que suas omissões podem configurar manifesta inconstitucionalidade, pois potencialmente capazes de ferir os direitos fundamentais.

O princípio da prevenção mantém, em matéria jurídica, o significado literal da palavra, porquanto coaduna com o sentido de agir antecipadamente às consequências de uma ação. Esse princípio, de acordo com Freitas, apresenta três elementos centrais: a presença de intensa probabilidade de dano especial; a atribuição ou possibilidade de o Poder Público evitar esse dano; e o ônus estatal de produzir prova capaz de determinar a ausência de nexo de causalidade intertemporal.[292]

O Estado, diante de seu dever legal de prevenção, encontra-se impedido de invocar juízos de conveniência e oportunidade, pois não lhe é dada a faculdade de agir, mas sim lhe é dada a obrigação. Assim,

---

[290] KELLER, Arno Arnoldo. *A exigibilidade dos direitos fundamentais sociais no Estado Democrático de Direito*. Porto Alegre: Sergio Antonio Fabris Editor, 2007, p. 266.

[291] FREITAS, Juarez. *Sustentabilidade: Direito ao futuro*. 2. ed. Belo Horizonte: Fórum, 2012, p. 284.

[292] Idem, p. 285.

diante de um dano previsível, não se admite a sua inércia, pois tal conduta deixa de ser mera condição e passa a ser vista como causa possível do evento danoso. Ou seja, quando o mal for conhecido, devem-se tomar as medidas aptas a evitá-lo, sob pena de omissão objetivamente causadora de dano injusto, à vista da inoperância estatal.[293]

Freitas exemplifica a necessidade do exercício da prevenção no caso de pessoas que moram em áreas de risco de desmoronamento, posto que se tem conhecimento das normais precipitações pluviométricas.[294] Nessas situações, o Poder Público deve intervir antecipadamente, a fim de evitar que um desastre ambiental provoque a morte de pessoas, proporcionando a elas um local seguro para viver. Destarte, na prevenção é possível antever-se, com alto grau de certeza, um resultado negativo, e, nos limites de atribuições do Estado, deve-se tomar as medidas interruptivas da rede causal, de modo a evitar o dano antevisto, sob pena de responsabilidade proporcional.[295]

No que tange ao princípio da precaução, este impõe ao Poder Público uma medida antecipatória, mesmos nos casos em que não se pode aferir com precisão ou o mínimo de certeza a ocorrência de danos fundadamente temidos. Imprescindível destacar as principais diferenças entre o princípio da prevenção e o princípio da precaução, pois, apesar da aparente sinonímia, os referidos institutos guardam importantes diferenças quando abordados em matéria jurídica.

Escreve didaticamente Rodrigues a distinção entre os princípios ao mencionar que o da precaução possui um significado e finalidade mais amplos do que o da prevenção, de modo que este estaria contido naquele.[296] O princípio da prevenção está ligado à adoção de medidas que corrijam ou evitem danos previsíveis, sendo que a precaução não só age prevenindo, como também evita o próprio risco ainda imprevisto.

E, ainda, pode-se afirmar que a diferença entre os dois princípios "reside apenas no grau estimado de probabilidade da ocorrência do dano irreversível ou de difícil reversibilidade (certeza *versus* verossimilhança)".[297] Assim, ao passo que a precaução diz respeito à ausência de certeza do dano, a prevenção deve ser aplicada para o impedimento de danos cuja ocorrência é ou poderia ser sabida.

---

[293] FREITAS (2007), op. cit., p. 96-97.

[294] Idem, p. 98.

[295] FREITAS (2012), op. cit., p. 287.

[296] RODRIGUES, Marcelo Abelha. *Elementos de Direito Ambiental – Parte Geral*. 2. ed. São Paulo: RT, 2005, p. 207.

[297] FREITAS (2012), op. cit., p. 288.

Nas relações administrativas, o princípio da precaução impõe à Administração Pública o dever de motivadamente evitar, dentro de sua competência e possibilidades orçamentárias, a produção do evento que supõe danoso, em face da fundada convicção quanto ao risco de ocorrer prejuízo desproporcional se não interrompido o nexo causal.[298] A aplicação do princípio da precaução, na aplicação motivada e ancorada no texto constitucional, consoante assevera Freitas, "faz as vezes de grande antídoto contra os males da irracionalidade e da baixa sindicabilidade no atinente à efetividade dos princípios e direitos fundamentais, que, ao lado do interesse público, regem as relações de administração".[299]

O próprio Superior Tribunal de Justiça já reconheceu a responsabilidade objetiva do Estado por ato omissivo no julgamento do Recurso Especial n. 1.180.888, em 2012, no qual ressaltou a violação de direitos fundamentais (vida, saúde e integridade físico-psíquica) quando da omissão do Estado em prestar as devidas cautelas amparadas na precaução para a retirada segura da cápsula de Césio 137 e assim evitar o contato das pessoas com o material radiológico.[300]

---

[298] FREITAS (2007), op. cit., p. 99.

[299] "Decerto, inaceitável o exercício do princípio da precaução como fruto de temores desarrazoados. Em contextos semelhantes, o Estado seria traído pelo excesso manifesto de temor. Seria, para figurar exemplo, gritante demasia, consoante o atual estado de conhecimentos, cogitar de proibir o uso de celulares simplesmente em função do medo mórbido quanto aos efeitos nocivos de toda e qualquer radiação. Em contrapartida, noutro sentido do pêndulo, verifica-se o recorrente fenômeno da insuficiência acintosa das medidas de precaução. Trata-se de quebra igualmente agressiva do princípio da proporcionalidade, dado que este veda demasias e omissões. Escusado assinalar que a insuficiência reticente e a dose exagerada e irrealista de precaução, cada uma a seu modo, conduzem à idêntica inviabilidade do desenvolvimento humano pretendido, isto é, o desenvolvimento equilibrado, sensato e sustentável". In: FREITAS, Juarez. *O Princípio Constitucional da Precaução e o Dever Estatal de Evitar Danos Juridicamente Injustos*. Revista da Ordem dos Advogados do Brasil, 2008. Disponível em: <http://www.oab.org.br/editora/revista/users/revista/1205505615174218181901.pdf>. Acesso em: 30 set. 2015, p. 5-6.

[300] A referida decisão do Superior Tribunal de Justiça ficou assim ementada: "ADMINISTRATIVO. DIREITO NUCLEAR. RESPONSABILIDADE CIVIL OBJETIVA DO ESTADO. ACIDENTE RADIOATIVO EM GOIÂNIA. CÉSIO 137. ABANDONO DO APARELHO DE RADIOTERAPIA. DEVER DE FISCALIZAÇÃO E VIGILÂNCIA SANITÁRIO-AMBIENTAL DE ATIVIDADES COM APARELHOS RADIOATIVOS. RESPONSABILIDADE SOLIDÁRIA DA UNIÃO E DOS ESTADOS. LEGITIMIDADE PASSIVA. 1. A vida, saúde e integridade físico-psíquica das pessoas é valor ético-jurídico supremo no ordenamento brasileiro, que sobressai em relação a todos os outros, tanto na ordem econômica, como na política e social. 2. O art. 8º do Decreto 81.394/1975, que regulamenta a Lei 6.229/1975, atribuiu ao Ministério da Saúde competência para desenvolver programas de vigilância sanitária dos locais, instalações, equipamentos e agentes que utilizem aparelhos de radiodiagnóstico e radioterapia. 3. Cabe à União desenvolver programas de inspeção sanitária dos equipamentos de radioterapia, o que teria possibilitado a retirada, de maneira segura, da cápsula de Césio 137, que ocasionou a tragédia ocorrida em Goiânia em 1987. 4. Em matéria de atividade nuclear e radioativa, a fiscalização sanitário-ambiental é concorrente entre a União e os Estados, acarretando responsabilização solidária, na hipótese de falha de seu exercício. 5. Não fosse pela ausência de comunicação do Departamento de Instalações e Materiais Nucleares (que integra a estrutura da Comissão Nacional de Energia Nuclear – CNEN, órgão federal) à Secretaria de Saúde do Estado de Goiás, o grave acidente que vitimou

Tal ocorrência serve como paradigma a ser aplicado à luz do princípio da precaução, pois "a incerteza é a única certeza em matéria de radioatividade e de seus efeitos sobre meio ambiente e saúde humana".[301] Além disso, fica demonstrada a necessidade de maior cautela, zelo e proteção por parte do Estado na sociedade, uma vez que muitas pessoas podem estar sujeitas a riscos dos quais elas não possuem consciência. Nessas hipóteses, de forma alguma se justifica a omissão do Poder Público, de modo que fica nítida a existência do nexo de causalidade e do dever de indenizar proporcionalmente aos danos percebidos.

Conforme Freitas, em consonância com os princípios da prevenção e da precaução, resta ao Poder Público o dever de impedir a configuração da causalidade danosa, sendo que o bom equacionamento entre os princípios da prevenção e da precaução somente se faz lícito quando em harmonia com o princípio da proporcionalidade, caso em que será possível aferir o cumprimento dos requisitos de fato e de direito a embasar a escolha das medidas interventivas, sem pecar pelos excessos e muito menos pelas omissões.[302]

O primado, na prática, dos direitos fundamentais demanda assimilar o princípio da proporcionalidade como proibição simultânea de excessos e vedação simultânea da inércia ou da inoperância. É em sintonia com essa perspectiva, de romper com o peso inercial *status quo*, que o Estado deve ser responsabilizado por omissão. Naturalmente, admitidas as excludentes do nexo causal, a saber, a culpa exclusiva da vítima, a culpa concorrente (excludente parcial), o ato ou fato de terceiro (excludente, no geral das vezes), a força maior (irresistível), o caso fortuito (desde que não atribuível a razões internas) e a impossibilidade motivada de cumprimento do dever (nessa hipótese, a

---

tantas pessoas inocentes e pobres não teria ocorrido. Constatação do Tribunal de origem que não pode ser reapreciada no STJ, sob pena de violação da Súmula 7. 6. Aplica-se a responsabilidade civil objetiva e solidária aos acidentes nucleares e radiológicos, que se equiparam para fins de vigilância sanitário-ambiental. 7. A controvérsia foi solucionada estritamente à luz de violação do Direito Federal, a saber, pela exegese dos arts. 1º, I, 'j', da Lei 6.229/1975; 8º do Decreto 81.384/1978; e 4º da Lei 9.425/96. 8. Recurso Especial não provido" (STJ, REsp n. 1.180.888/GO, Rel. Min. Herman Benjamin, Segunda Turma, julgado em 17-6-2010, DJe 28-2-2012).

[301] ANTUNES, Paulo de Bessa. *Direito ambiental*. 13. ed. Rio de Janeiro: Lumen Juris, 2010, p. 1062.

[302] FREITAS (2007), op. cit., p. 101. Ainda segundo o autor, a aplicação do princípio da precaução no Direito Público deve ser motivada: "Imprescindível que os procedimentos de precaução sejam tempestivamente motiváveis. O Estado Democrático, em última análise, deve aprender a zelar, justficadamente, pela eficácia direta e imediata dos direitos fundamentais, punível a omissão despida de motivos razoáveis e, sobremodo, quando derivada da macunaímica preguiça ou da morosidade relapsa. Afinal, o descumprimento dos deveres estatais, inclusive de precaução, mostra-se ofensivo à Constituição, mormente quando se admite que os direitos fundamentais vinculam de modo cogente e, vez por todas, devem assumir o primado nas relações publicistas". In: FREITAS (2008), op. cit., p. 18.

reserva do possível não pode ser simplesmente alegada, mas cabalmente demonstrada).[303]

Emerge a necessidade de um redimensionamento da responsabilidade do Estado voltado à proteção dos direitos fundamentais, a partir da aplicação constante do controle por meio do teste de proporcionalidade e da utilização da prevenção e da precaução, que se traduzem em instrumentos de efetividade dos direitos fundamentais. Deve o instituto da responsabilidade civil do Estado servir de resposta do próprio sistema para coibir as omissões desproporcionais e antijurídicas dos agentes públicos.

Os danos injustos causados aos particulares pela omissão do Estado Constitucional, que se desincumbiu de efetivar direitos fundamentais de forma imotivada ou desproporcional, devem ser reparados por meio da responsabilidade objetiva. Essa é a matiz ontológica do próprio Estado Constitucional. Assim, a responsabilidade objetiva pela falta de efetividade dos direitos fundamentais pode ser equacionada como obrigação de reparar ou compensar os danos materiais e imateriais causados a terceiros por ação ou omissão desproporcional e antijurídica dos agentes públicos, nessa qualidade, notadamente pelas proibições de excesso e de proteção insuficiente.

3.3. O mérito administrativo e as escolhas administrativas legítimas

A prática de determinadas atividades administrativas é proveniente de escolhas. Essas escolhas administrativas são pautadas, a rigor, em critérios de conveniência e oportunidade, característica explícita do que se convencionou chamar de mérito administrativo para tomada de decisões políticas.[304] O Estado Constitucional impõe que as atividades administrativas discricionárias, onde há margem de liberdade conferida pelo ordenamento jurídico, sejam inegavelmente vinculadas aos direitos fundamentais. Essa vinculação determinada pelo

---

[303] FREITAS, Juarez. *Contra a omissão inconstitucional: Reexame inovador da responsabilidade do Estado*. Revista do Ministério Público do RS, Porto Alegre, n. 66, maio–ago. 2010. Disponível em: <http://www.amprs.org.br/arquivos/revista_artigo/arquivo_1285763177.pdf>. Acesso em: 20 set. 2015, p. 66.

[304] Acerca das características do mérito administrativo a partir de critérios de conveniência e oportunidade, Cretella Junior escreve que conveniência diz respeito a fatos, lugares, acontecimentos, situações, razoabilidade, utilidade, moralidade, economia. In: CRETELLA JÚNIOR, José. *Tratado de Direito Administrativo*. 2. ed. Rio de Janeiro, Forense: 2003. Segundo Diez, oportunidade é a obrigação do administrador de atuar, sempre e necessariamente, para o cumprimento de certos fins. Escreve ainda o autor argentino que o princípio da oportunidade está relacionado com a observância das chamadas normas de boa administração. In: DIEZ, Manuel Maria. *El acto administrativo*. 2. ed. Buenos Aires: Tipografica Editora Argentina, 1961, p. 250.

Estado Constitucional para aplicação direta e imediata dos direitos fundamentais irradia todo o sistema de escolhas e valores da subjetividade conferida ao agente público pela força normativa e principiológica do texto constitucional.

Logo, a discricionariedade administrativa nas escolhas legítimas e sua sindicabilidade são questão central para efetividade dos direitos fundamentais. Ao aprofundar a sindicabilidade do mérito administrativo e das escolhas administrativas legítimas, nasce a concreta possibilidade de uma mudança drástica para evitar a responsabilidade do Estado Constitucional por omissão na seara dos direitos fundamentais.

Portanto, imprescindível a exposição dos critérios dessa discricionariedade de quem toma decisões, dirige e representa o Estado Constitucional e todos os seus entes, ainda que sem esgotamento do tema central e seus desdobramentos periféricos, tudo no sentido de delinear a proteção e efetividade dos direitos fundamentais, com vistas a uma quebra de paradigmas que ainda permeia a atividade da Administração Pública. Não só pelo eventual controle dessa atividade administrativa pelo Poder Judiciário, mas antes pela necessidade de mudança nos aspectos axiológicos levados em consideração no ato das escolhas.

No ordenamento jurídico administrativo-constitucional brasileiro, predomina a clara distinção entre a legalidade e o mérito, fruto de inspiração na doutrina italiana.[305] Durante muito tempo, tais influências foram designadas a partir das lições preliminares de Meirelles[306] e Seabra Fagundes. Este, com propriedade, aduz que o mérito administrativo pressupõe a possibilidade de optar em diferentes razões a escolha entre uma ou outra decisão administrativa.[307] É feita uma distinção clara entre a atividade vinculada e discricionária, onde a vinculação não deixa margem de liberdade conferida pela lei para prática de tal ato (*accertamento*), ao passo que na discricionariedade há possibilidade de ser conferida uma valoração (*apprezzamento*) amparada nesse mérito administrativo.[308] Tais lições vieram a amparar a tese de que não é

---

[305] Nesse sentido, consultar ALESSI, Renato. *Diritto Amministrativo*. Milão: Dott. A. Giuffrè Editore, 1949, p. 135-136.

[306] MEIRELLES, Hely Lopes. *Direito administrativo brasileiro*. 23. ed. São Paulo: Malheiros, 1998, p. 103.

[307] SEABRA FAGUNDES, Miguel. *O controle dos atos administrativos pelo Poder Judiciário*. 5. ed. rev. e atual. Rio de Janeiro: Forense, 1979, p. 146.

[308] Oportuna a referência a Meirelles, ainda que de forma simplificada, pela enorme influência em toda doutrina e jurisprudência brasileiras sobre o assunto. Para o autor, a discricionariedade é o direito concedido à administração, de modo implícito ou explícito, para a prática de atos administrativos com liberdade na escolha de sua conveniência, liberdade e conteúdo. A questão da

conferida ao Poder Judiciário a sindicabilidade do mérito administrativo,[309] salvo nos casos de desvio de poder, em que se inclui o desvio de finalidade por ser pressuposto essencial daquele desvio.[310]

Não obstante às teses propostas da conceituação e surgimento da discricionariedade administrativa na finalidade da norma, a partir de conceitos jurídicos indeterminados, em contraponto ao posicionamento tradicional da inarredável vinculação da finalidade prevista na norma e sua superação da distinção entre legalidade e mérito,[311] a discricionariedade consiste na competência-dever de o administrador, no plano concreto, após o exercício de valores e isento de suas próprias ideologias, valorar, amparado em critérios de razoabilidade, a partir da generalidade dos princípios e valores do ordenamento, qual a melhor escolha administrativa para concretizar o comando legal.[312]

---

vinculação ou discricionariedade para prática de atividades administrativas necessita de uma análise de elementos que criam a obrigação do administrador vinculada ou se esses elementos deixam ao gestor a liberdade de conteúdo. Para tanto, o autor descreve que é indispensável que o direito ou a legislação confira explícita ou implicitamente tal poder ao administrador e lhe assinale os limites de sua liberdade de opção, porquanto um ato administrativo nunca será totalmente discricionário na medida em que a própria atividade administrativa é limitada quanto ao fim. In: MEIRELLES, op. cit., p. 103.

[309] Em decisão emblemática sobre o controle jurisdicional do mérito administrativo, o Supremo Tribunal Federal assim decidiu: "A Constituição Brasileira de 1988 prestigiou os instrumentos de tutela jurisdicional das liberdades individuais ou coletivas e submeteu o exercício do poder estatal – como convém a uma sociedade democrática e livre – ao controle do Poder Judiciário. Inobstante estruturalmente desiguais, as relações entre o Estado e os indivíduos processam-se, no plano de nossa organização constitucional, sob o império estrito da lei. A *rule of law*, mais do que um simples legado histórico-cultural, constitui, no âmbito do sistema jurídico vigente no Brasil, pressuposto conceitual do Estado Democrático de Direito e fator de contenção do arbítrio daqueles que exercem o poder. É preciso evoluir, cada vez mais, no sentido da completa justiciabilidade da atividade estatal e fortalecer o postulado da inafastabilidade de toda a qualquer fiscalização judicial. A progressiva redução e eliminação dos círculos de imunidade do poder há de gerar, como expressivo efeito consequencial, a interdição do seu exercício abusivo. [...] O que os juízes e tribunais somente não podem examinar nesse tema, até mesmo como natural decorrência do princípio da separação dos Poderes, são a conveniência, a utilidade, a oportunidade e a necessidade da punição disciplinar. Isso não significa, porém, a impossibilidade de o Judiciário verificar se existe, ou não, causa legítima que autorize a imposição da sanção disciplinar. O que se lhe veda, nesse âmbito, é, tão-somente, o exame do mérito da decisão administrativa, por tratar-se de elemento temático inerente ao poder discricionário da Administração Pública" (STF, Mandado de Segurança n. 20999/DF, Relator Ministro Celso de Mello, julgado em 21-3-1990, DJU 25-5-1990).

[310] SICCA, Gerson dos Santos. *Discricionariedade Administrativa: conceitos indeterminados e aplicação*. Curitiba: Juruá, 2006, p. 114.

[311] Para um estudo aprofundado sobre a discricionariedade prevista na finalidade da norma e suas nuances a partir de conceitos jurídicos indeterminados, ver as lições capitaneadas por BANDEIRA DE MELLO, Celso Antônio. *Discricionariedade e Controle Jurisdicional*. 2. ed. São Paulo: Malheiros, 1998; e seguidas por ZANCANER, Weida. *Da convalidação e da invalidação dos atos administrativos*. São Paulo: Revista dos Tribunais, 1990; DI PIETRO, Maria Sylvia Zanella. *Direito Administrativo*. 21. ed. São Paulo: Atlas, 2008; LEITE, Luciano Ferreira. *Discricionariedade administrativa e controle judicial*. São Paulo: Revista dos Tribunais, 1981; e ainda SICCA, Gerson dos Santos. *Discricionariedade Administrativa: conceitos indeterminados e aplicação*. Curitiba: Juruá, 2006.

[312] FIGUEIREDO, op. cit., p. 302.

Oportuna é a lição de Freitas, que desenvolve o conceito da discricionariedade vinculada a partir da noção sistemática da atividade administrativa inserida em uma ordem jurídica consubstanciada em valores vinculantes, uma vez que a vinculação não se encontra adstrita somente na letra da lei, devendo observar, sobretudo, os princípios regentes das relações jurídico-administrativas, porquanto afasta a noção de que a liberdade da escolha administrativa vai onde o direito não regula.[313]

Para Freitas, essa liberdade conferida ao agente público está vinculada aos princípios constitucionais, em especial ao princípio da proporcionalidade. A quem compete exercer o papel de controlar essa liberdade das escolhas conferidas pela discricionariedade deve evitar "dois fenômenos simétricos e igualmente nocivos: de um lado uma noção de vinculatividade dissociada da subordinação a outros nortes principiológicos além do princípio da estrita legalidade e, de outro, uma noção de discricionariedade tendente a, arbitrariamente, dar as costas à vinculação do direito".[314]

A compreensão do sistema jurídico como uma "rede axiológica e hierarquizada de princípios" redefine a discricionariedade administrativa com a necessidade de motivar as escolhas ou opções eleitas em "razões objetivas e consistentes". Escreve Freitas que "fundamentar, mais do que motivar, é oferecer fundamentos jurídicos, objetivamente controláveis".[315] Esse dever de motivação nas escolhas administrativas legítimas gera, invariavelmente, a possibilidade concreta do exercício do controle da atividade administrativa, vez que a observância dos diversos mandamentos principiológicos comporta aferir com objetividade as razões dessas escolhas.

Nesse sentido, os direitos fundamentais, como fonte irradiadora e parâmetro do Estado-administrador, assumem o papel de autêntico limite substantivo, e não meramente formal, das escolhas administrativas, atuando como normas fundamentais para boa gestão da coisa pública em uma democracia.[316] Daí que para as escolhas administra-

---

[313] FREITAS, Juarez. *Estudos de Direito Administrativo*. São Paulo: Malheiros, 1995, p. 128-129.

[314] FREITAS, Juarez. *O controle dos atos administrativos e os princípios fundamentais*. São Paulo: Malheiros, 1999, p. 49.

[315] Idem, p. 49-51.

[316] Segundo Canotilho, "a articulação da socialidade com democraticidade torna-se, assim, clara: só há verdadeira democracia quando todos têm iguais possibilidades de participar no governo da polis. (8) Uma democracia não se constrói com fome, miséria, ignorância, analfabetismo e exclusão. A democracia só é um processo ou procedimento justo de participação política se existir uma justiça distributiva no plano dos bens sociais. A juridicidade, a socialidade e a democracia pressupõem, assim, uma base jusfundamental incontornável, que começa nos direitos fundamentais da pessoa e acaba nos direitos sociais". In: CANOTILHO, José Joaquim Gomes. *O Direito Constitucional como Ciência de Direcção: o núcleo essencial de prestações sociais ou a localização*

tivas serem verdadeiramente legítimas, devem estar em consonância com a concretização dos direitos fundamentais.

No Estado Constitucional, os princípios constitucionais e os direitos fundamentais vinculam as escolhas administrativas e oportunizam, em especial, o aperfeiçoamento do controle da Administração Pública quanto aos seus atos discricionários. Permite-se uma identificação do ambiente decisório do administrador, em virtude da imposição de parâmetros objetivos de valoração a serem seguidos. Não por acaso, esse controle imposto pelo Estado Constitucional demarca o espaço de atuação do administrador.

Barroso entende que a discricionariedade nas escolhas administrativas encontra limite não somente na finalidade legal da norma que a instituiu, mas sobretudo nas normas constitucionais. Segundo o autor, a finalidade legal da escolha administrativa e as normas constitucionais "são limites que convivem harmoniosamente para demarcar o espaço de atuação do administrador".[317] E continua Barroso alertando que "em caso de conflito insuperável entre esses dois elementos, a supremacia será sempre das normas constitucionais, admitindo-se até mesmo que o administrador deixe de dar cumprimento à lei em reverência à Constituição".[318]

Logo, o controle da atividade administrativa passa a ser uma exigência do Estado Constitucional, sendo fomentado a partir de juízos de validade, de fato e de valores das escolhas administrativas legítimas, construído sob a ótica dos direitos fundamentais.[319] Essa abor-

---

incerta da socialidade. Contributo para a reabilitação da força normativa da constituição social. Revista de Doutrina da 4ª Região. Porto Alegre: Revista de Doutrina da 4ª Região, n. 22, fev. 2008. Disponível em: <htpp://www.revistadoutrina.trf4.jus.br/artigos/edicao022/Jose_Canotilho.htm>. Acesso em: 26 set. 2014.

[317] BARROSO, Luiz Roberto. *Temas de Direito Constitucional.* Tomo II, São Paulo: Renovar, 2003, p. 367.

[318] Idem, p. 367.

[319] O desafio que apresenta tal argumentação jusfundamental é, precisamente, o de construir uma fundamentação jurídico-normativa racional de juízos valorativos, sem que isso implique um apelo a valores transcendentais ou metafísicos, ou seja, não se trata de retomar o paradigma jusnaturalista. No que concerne ao progressivo controle das escolhas administrativas a partir da efetividade dos direitos fundamentais e dos princípios constitucionais, notadamente provocou, e vem provocando, uma autorrevisão do próprio direito administrativo na emanação dos seus atos, não somente sob a égide da legalidade formal, mas também por meio de limites materiais, adequando-os aos juízos de validade e axiológicos que permeiam toda a atuação da Administração. In: CADEMARTORI, Luiz Henrique Urquhart. *Discricionariedade Administrativa no Estado Constitucional Brasileiro.* Curitiba: Juruá, 2001, p. 165. Para Krell, não há mais dúvidas, no Brasil, de que todo e qualquer ato administrativo, inclusive o ato discricionário e também aquele decorrente da valoração administrativa dos conceitos indeterminados de prognose, é suscetível de um controle jurisdicional mínimo, baseado nos princípios constitucionais e nos princípios gerais de Direito. Na atual fase "pós-positivista", que foi instaurada com a ampla positivação dos princípios gerais de Direito nos novos textos constitucionais, os atos administrativos discricionários não devem ser controlados somente por sua legalidade, mas por sua juridicidade. Essa "princi-

dagem aproxima-se da concepção elaborada por Alexy sobretudo porque entende como válida somente a norma cuja fundamentação seja jusfundamentalmente correta, pois os argumentos que lhe dão fundamento partem de normas constitucionais, dos precedentes jurisprudenciais e dos argumentos práticos gerais desenvolvidos na fundamentação jusfundamental.[320]

A legitimidade dos poderes do Estado Constitucional somente é alcançada quando são tutelados os direitos fundamentais. A conclusão a que se chega não é outra senão que a discricionariedade, como postulado das escolhas legítimas, encontra-se, segundo Cristóvam, "inarredável e inegavelmente vinculada aos princípios constitucionais e à satisfação dos direitos fundamentais". O Estado Constitucional "exige um modelo de discricionariedade vinculada diretamente à Constituição, ao conteúdo dos direitos fundamentais, à garantia dos direitos fundamentais de liberdade e à implementação dos direitos fundamentais sociais".[321]

A responsabilidade do Estado Constitucional por omissão é consequência das escolhas administrativas legítimas, quando exercitada sem observância de um juízo axiológico dogmático-constitucional, em que a eficácia plena e a aplicabilidade dos direitos fundamentais é núcleo central para definir essas escolhas legítimas discricionárias. Não é outra a interpretação sistemática da conjugação do artigo 37, § 6º, da Constituição Federal de 1988, que responsabiliza o Estado objetivamente por suas omissões inconstitucionais, que geram danos injustos, com o artigo 5º, § 1º, que consagra a aplicabilidade plena e a eficácia imediata dos direitos fundamentais.

A propósito, a contundente lição de Freitas, que taxativamente defende que a Carta Magna, no artigo 5º, § 1º, determina a aplicabilidade imediata dos direitos fundamentais (inclusive os sociais, relacionados a serviços públicos – tais como o direito à saúde e à educação), "donde segue a imprescindibilidade da escolha administrativa apropriada à concretização eficacial". E prossegue o autor afirmando que essa proposta da "responsabilização dilatada (e da sindicabilidade aprofundada) desponta como a mais aconselhável jurídica e sociologicamente, ao se observar que o Poder Público oscila impunemente

---

pialização" do Direito brasileiro (proibição da arbitrariedade, razoabilidade, proporcionalidade, igualdade, proteção da confiança legítima, etc.) aumentou a margem da vinculação dos atos discricionários. In: KRELL, Andreas J. *Discricionariedade Administrativa e Proteção Ambiental. O Controle dos Conceitos Jurídicos Indeterminados e a Competência dos Órgãos Ambientais.* Porto Alegre: Livraria do Advogado, 2004, p. 53-54.

[320] ALEXY, op. cit., p. 71.

[321] CRISTÓVAM, José Sérgio da Silva. *Colisões entre Princípios Constitucionais – Razoabilidade, Proporcionalidade e Argumentação Jurídica.* Curitiba: Juruá, 2006, p. 212.

entre dois pecados assaz comuns: a negação da eficácia dos direitos fundamentais e sua afirmação claudicante. Desproporcional em ambas as situações".[322]

E a conclusão formulada por Freitas é pontual e inequívoca. Ora o Poder Público peca negando a eficácia imediata dos direitos fundamentais – tomem-se por exemplo as mazelas e descasos com a consequente judicialização do direito à saúde, em que o Poder Judiciário tem que dar efetividade a esse direito fundamental social –, ora peca afirmando a eficácia dos direitos fundamentais de forma hesitante, a conta-gotas, a duras penas. Para Freitas, essa postura é desproporcional, porquanto tais situações tratam de "norma constitucional implícita, de direta e imediata eficácia, decorrente da própria subordinação que o Estado Democrático de Direito determina ao administrador. Sua concretização mais imediata determinaria um dever de formulação de escolhas administrativas legítimas, quando do exercício de seus misteres".[323]

Aponta Canotilho que ao fundamentalizar um direito com "normas dotadas de vinculatividade imediata dos poderes públicos, constituem parâmetros materiais de escolhas, decisões, acções e controle, dos órgãos legislativos, administrativos e jurisdicionais".[324] E continua Freitas asseverando que se deve "assumir, com todas as forças, a defesa do direito administrativo mais do Estado regulador e prestacional redistributivo de oportunidades que de governo e vocacionado ao efêmero particularista".[325] E a lição aqui expressada por Freitas é no sentido de aprofundar a sindicabilidade das escolhas administrativas legítimas, "com olhos fitos nos princípios constitucionais, tomados como diretrizes efetivamente superiores". Segundo ele, "o Estado da discricionariedade legítima requer (ao mesmo tempo, suscita) o protagonismo da sociedade amadurecida e do agente público que defende a dignidade de todos".[326]

A Administração Pública e sua atividade administrativa, tanto na estrutura judiciária quanto na legislativa ou executiva, é a que tem maiores possibilidades de se tornar, ao mesmo tempo, garantia e antigarantia de numerosos direitos,[327] cabendo-lhe o trabalho e o relativo

---

[322] FREITAS (2007), op. cit., p. 74.

[323] Idem, p. 7.

[324] CANOTILHO, op. cit., p. 373.

[325] FREITAS (2007), op. cit., p. 19.

[326] Idem, p. 19.

[327] Sobre o tema, a partir de uma abordagem garantista, Cademartori escreve que a dimensão substancial da democracia vinculada aos direitos fundamentais caracteriza a sujeição de todos os poderes à Constituição. "Graças a essa dimensão substancial, o Direito vincula a maioria não

dever de colher das normas consagradoras dos direitos fundamentais a máxima eficácia possível, pois conjetura a aplicabilidade imediata e a eficácia plena em prol dos direitos fundamentais.[328] E a liberdade das escolhas administrativas legítimas com controle de motivação efetiva à luz da dogmática jusfundamental serve para oportunizar ao administrador público a opção primordial de preservar o máximo da eficácia direta e imediata dos direitos fundamentais.

Esse aprofundamento da sindicabilidade deve, inclusive, ser imposto e exigido pela própria sociedade. É indispensável que a sociedade esteja disposta a lutar pelos seus direitos, mediante a criação de garantias e controles sobre o poder para realizá-los. Para Baratieri, "a sociedade civil precisa aderir decididamente a esta peleja fundamental. Todos precisam estar certos de que nenhum direito fundamental subsistirá sem que haja um movimento social para a sua concretização".[329]

Com efeito, ignorar essa exegese aplicada às escolhas administrativas legítimas importa em responsabilidade civil do Estado Constitucional por omissão. Essa omissão gera responsabilidade objetiva, a teor do artigo 37, § 6º, da Constituição Federal de 1988. Não há como compreender que a omissão na efetivação de direitos fundamentais deve ser considerada como condição que gerou o dano, ensejando a necessidade de provar a culpa do Estado.[330] Deve, por força do artigo 5º, § 1º, da Carta Magna, ser considerada como causa direta do even-

---

somente quanto à forma do seu exercício (ou seja, os processos de tomada de decisões), mas também em sua substância (referente aos conteúdos que as decisões devem ter ou não ter). Em suma, enquanto o princípio da maioria nos declara quem decide, o princípio da democracia nos diz o que deve e o que não deve decidir. Ou seja, existem espaços normativos que conformam a esfera do indecidível (direito e garantias individuais e sociais, p. ex.), e que os poderes públicos devem respeitá-los em sua integridade". In: CADERMATORI, Sérgio. *Estado de direito e legitimidade: uma abordagem garantista*. 2. ed. Campinas: Millennium, 2007, p. 231-232.

[328] BORTOLI, Adriano De. A Validade dos Atos Administrativos e a Vinculação da Administração Pública aos Direitos Fundamentais. In: CADEMARTORI, Luiz Henrique (org.). *Temas de Política e Direito Constitucional Contemporâneos*. Florianópolis: Editora Momento Atual, 2003, p. 108.

[329] BARATIERI, op. cit., p. 30.

[330] Na mesma linha defendida, Freitas também comunga do entendimento inarredável de que, em se tratando de responsabilidade do Estado, a omissão não pode servir como mera condição do dano suportado. Para o autor, "mister grifar que, sem lançar mão do problemático conceito de 'culpa anônima' (não individualizável) em sede de responsabilidade pelas condutas omissivas do Poder Público, a falta do cumprimento dos deveres (ou o desidioso cumprimento) gera o dever de indenizar. Por outras palavras, a omissão é causadora de dano anômalo e injusto. Desaconselhável enquadrá-la como simples condição para o evento danoso, tampouco concebê-la como mera situação favorável ao prejuízo. A omissão carrega, por assim dizer, o frustrado 'princípio ativo' do dever estatal não cumprido". In: FREITAS, Juarez. *Contra a omissão inconstitucional: Reexame inovador da responsabilidade do Estado*. Revista do Ministério Público do RS, Porto Alegre, n. 66, maio-ago. 2010. Disponível em: <http://www.amprs.org.br/arquivos/revista_artigo/arquivo_1285763177.pdf>. Acesso em: 20 set. 2015, p. 73.

tual dano injusto suportado, bastando a prova do fato, do dano e do nexo de causalidade.

Ora, o aparato estatal somente possui sentido se houver a eficácia direta e imediata dos direitos fundamentais, já que se constitui núcleo central e autêntico orientador das escolhas administrativas legítimas. Não se admitem mais omissões do Estado Constitucional sem motivação, sem justificativa plausível e materialmente comprovada acerca da sua impossibilidade.

O mundo dos fatos está cercado de exemplos de omissão na efetivação de direitos fundamentais. A jurisprudência brasileira cotidianamente se depara com uma enorme quantidade de ações judiciais visando à satisfação de direitos fundamentais e condenando de forma veemente a grave inércia ou omissão estatal pelo manifesto desrespeito à Constituição. Não por acaso, a emblemática decisão do Supremo Tribunal Federal na Medida Cautelar em Ação Direta de Inconstitucionalidade n. 1439/DF, relatada pelo Ministro Celso de Mello,[331] ao asseverar que a omissão do Estado descumpre de forma acintosa, "em maior ou em menor extensão, a imposição ditada pelo texto constitucional – qualifica-se como comportamento revestido da maior gravidade político-jurídica, eis que, mediante inércia, o Poder Público também desrespeita a Constituição". A consequência lógica desse injusto ato omissivo estatal, em desrespeito ao texto constitucional, é a ofensa completa aos direitos fundamentais, impedindo a sua própria aplicabilidade.

Também em recente e emblemática decisão cautelar na Arguição de Descumprimento de Preceito Fundamental – ADPF n. 347, o

---

[331] Oportuno colacionar o trecho da ementa do referido julgado do Supremo Tribunal Federal: "DESRESPEITO À CONSTITUIÇÃO. MODALIDADES DE COMPORTAMENTOS INCONSTITUCIONAIS DO PODER PÚBLICO. O desrespeito à Constituição tanto pode ocorrer mediante ação estatal quanto mediante inércia governamental. A situação de inconstitucionalidade pode derivar de um comportamento ativo do Poder Público, que age ou edita normas em desacordo com o que dispõe a Constituição, ofendendo-lhe, assim, os preceitos e os princípios que nela se acham consignados. Essa conduta estatal, que importa em um *facere* (atuação positiva), gera a inconstitucionalidade por ação. Se o Estado deixar de adotar as medidas necessárias à realização concreta dos preceitos da Constituição, em ordem a torná-los efetivos, operantes e exequíveis, abstendo-se, em consequência, de cumprir o dever de prestação que a Constituição lhe impôs, incidirá em violação negativa do texto constitucional. Desse *non facere* ou *non praestare*, resultará a inconstitucionalidade por omissão, que pode ser total, quando é nenhuma a providência adotada, ou parcial, quando é insuficiente a medida efetivada pelo Poder Público. [...] A omissão do Estado – que deixa de cumprir, em maior ou em menor extensão, a imposição ditada pelo texto constitucional – qualifica-se como comportamento revestido da maior gravidade político-jurídica, eis que, mediante inércia, o Poder Público também desrespeita a Constituição, também ofende direitos que nela se fundam e também impede, por ausência de medidas concretizadoras, a própria aplicabilidade dos postulados e princípios da Lei Fundamental. As situações configuradoras de omissão inconstitucional – ainda que se cuide de omissão parcial, derivada da insuficiente concretização, pelo Poder Público, do conteúdo material da norma impositiva fundada na Carta Política, de que é destinatário – refletem comportamento estatal que deve ser repelido, pois a inércia do Estado qualifica-se, perigosamente, como um dos processos informais de mudança da Constituição, expondo-se, por isso mesmo, à censura do Poder Judiciário".

Supremo Tribunal Federal já deu mostras de que, no âmbito do Poder Judiciário, uma mudança de paradigmas vem acontecendo. Ficou assentado em tal decisão o reconhecimento do "estado de coisas inconstitucional"[332] em função do quadro insuportável e permanente de violação de diversos direitos fundamentais da população carcerária, a exigir uma intervenção do Poder Judiciário de caráter estrutural e orçamentário, diante da grave omissão do Poder Público em relação ao sistema prisional.

Houve uma interferência constitucional legítima do Poder Judiciário na aparente escolha administrativa discricionária das verbas do fundo penitenciário brasileiro. O Supremo Tribunal Federal entendeu que deve ser liberado, sem qualquer tipo de limitação, o saldo acumulado do Fundo Penitenciário Nacional para utilização na finalidade para a qual foi criado, proibindo a realização de novos contingenciamentos, tudo no sentido de dar efetividade aos direitos fundamentais. Trata-se de verdadeira sindicabilidade feita pelo Poder Judiciário nas escolhas administrativas legítimas sobre a manifesta omissão do Estado Constitucional face ao contingenciamento do orçamento público.

Logo, a omissão do Estado Constitucional em matéria de direitos fundamentais gera responsabilidade objetiva. Torna-se causa direta do dano suportado.[333] A quem compete fazer as escolhas administrati-

---

[332] O reconhecimento do "estado de coisas inconstitucional" é proveniente da: (i) vulneração massiva e generalizada de direitos fundamentais de um número significativo de pessoas; (ii) prolongada omissão das autoridades no cumprimento de suas obrigações para garantia e promoção dos direitos; (iii) a superação das violações de direitos pressupõe a adoção de medidas complexas por uma pluralidade de órgãos, envolvendo mudanças estruturais, que podem depender da alocação de recursos públicos, correção das políticas públicas existentes ou formulação de novas políticas, dentre outras medidas; e (iv) potencialidade de congestionamento da justiça, se todos os que tiverem os seus direitos violados acorrerem individualmente ao Poder Judiciário. In: CAMPOS, Carlos Alexandre de Azevedo. *Da Inconstitucionalidade por Omissão ao "Estado de Coisas Inconstitucional"*. Tese de doutorado aprovada na Faculdade de Direito da UERJ sob a orientação do Prof. Daniel Sarmento, 2015, p. 134.

[333] Nessa linha já decidiu o Supremo Tribunal Federal: "Os elementos que compõem a estrutura e delineiam o perfil da responsabilidade civil objetiva do Poder Público compreendem [...] a causalidade material entre o *eventus damni* e o comportamento positivo (ação) ou negativo (omissão) do agente público [...]. O Poder Público, ao receber o estudante em qualquer dos estabelecimentos da rede oficial de ensino, assume o grave compromisso de velar pela preservação de sua integridade física, devendo empregar todos os meios necessários ao integral desempenho desse encargo jurídico, sob pena de incidir em responsabilidade civil pelos eventos lesivos ocasionados ao aluno. A obrigação governamental de preservar a intangibilidade física dos alunos, enquanto estes se encontrarem no recinto do estabelecimento escolar, constitui encargo indissociável do dever que incumbe ao Estado de dispensar proteção efetiva a todos os estudantes que se acharem sob a guarda imediata do Poder Público nos estabelecimentos oficiais de ensino" (STF, RE n. 109.615/RJ, Rel. Min. Celso de Mello, DJ 2-8-1996). No mesmo sentido, a responsabilidade objetiva do Estado quando se omite em zelar pela integridade física de presos: "Agravo regimental em agravo de instrumento. 2. Morte de preso no interior de estabelecimento prisional. 3. Indenização por danos morais e materiais. Cabimento. 4. Responsabilidade objetiva do Estado. Art. 37, § 6º, da Constituição Federal. Teoria do risco administrativo. Missão do Estado de zelar pela integridade física do preso. 5. Pensão fixada. Hipótese excepcional em que se

vas, há duas opções: efetivar os direitos fundamentais ao máximo possível, por força vinculante do artigo 5º, § 1º, da Constituição Federal de 1988 – é esse o sentido da Carta Maior; ou justificar motivadamente, amparado em comprovação material acerca dessa impossibilidade.[334] Fugir dessa regra constitucional é correr o risco de causar danos injustos à pessoa humana.

A própria escolha discricionária não se torna definitivamente legítima se não for assim decidido. Ao furtar-se de escolher as decisões que dão maior otimização possível aos direitos fundamentais, em caso de dano suportado, o artigo 37, § 6º, da Constituição Federal de 1988 expressamente determina a responsabilidade estatal. E não é outra a conclusão de que essa responsabilidade deve ser objetiva por ser a causa direta do dano. É uma omissão e, mais do que específica, é inconstitucional.

Longe de o Estado se tornar um segurador universal, é fazer com que qualquer decisão tomada por quem dirige o Poder Público, seja política ou discricionária, tenha reflexão pautada na proporcionalidade, a partir de um juízo axiológico dogmático-constitucional, em que a eficácia plena e a aplicabilidade dos direitos fundamentais é núcleo central para definir essas escolhas legítimas discricionárias. Tal inobservância constitucional gera o dever de responsabilizar objetivamente o Estado Constitucional pela referida omissão, caso ocorra dano injusto suportado.[335]

É o momento para que haja uma mudança drástica na forma de decidir as escolhas administrativas legítimas. Há total e inarredável necessidade de incorporar os pressupostos do direito fundamental

---

permite a vinculação ao salário mínimo. Precedentes. 6. Agravo regimental a que se nega provimento" (STF, AI-AgR n. 577.908, Rel. Min. Gilmar Mendes, Segunda Turma, DJe 21-11-2008).

[334] Escreve Juarez Freitas que, em se tratando de responsabilidade objetiva, "o controle da omissão do Estado por demora de providências acauteladoras não deve se perder nas névoas da 'culpa publicizada' ou em expressões do gênero, oxímoros que confundem mais do que elucidam. Dito de outro modo, não-configuradas as excludentes, tais como a reserva do possível, forma-se o liame causal, em função da antijuridicidade provocada pela quebra do princípio da proporcionalidade. Mais: quem deve demonstrar a presença das excludentes totais ou mitigadoras é o Poder Público". In: FREITAS (2008), op. cit., p. 16.

[335] A propósito, a decisão do Supremo Tribunal Federal em destacar que a omissão do Estado no dever de segurança para recapturar foragido enseja a responsabilidade objetiva por conta da manifesta inércia decorrente do ato omissivo: "AGRAVO REGIMENTAL NO RECURSO EXTRAORDINÁRIO. RESPONSABILIDADE CIVIL DO ESTADO. ARTIGO 37, § 6º, DA CONSTITUIÇÃO DO BRASIL. LATROCÍNIO COMETIDO POR FORAGIDO. NEXO DE CAUSALIDADE CONFIGURADO. PRECEDENTE. 1. A negligência estatal no cumprimento do dever de guarda e vigilância dos presos sob sua custódia, a inércia do Poder Público no seu dever de empreender esforços para a recaptura do foragido são suficientes para caracterizar o nexo de causalidade. 2. Ato omissivo do Estado que enseja a responsabilidade objetiva nos termos do disposto no artigo 37, § 6º, da Constituição do Brasil. Agravo regimental a que se nega provimento" (STF, RE-AgR n. 607.771, Rel. Min. Eros Grau, Segunda Turma, DJe 4-5-2010).

à boa administração pública. Para tanto, os mandatários eleitos democraticamente, os gestores da coisa pública e os agentes públicos em geral devem estar, de uma vez por todas, cientes e conscientes do seu papel. E não basta escolher ou decidir, é imprescindível escolher bem. As decisões e escolhas tomadas por quem dirige e representa os poderes constituídos devem ser objeto de ampla reflexão razoável e adequada, voltada aos valores axiológicos plasmados no texto constitucional.

É preciso uma redefinição completa no *modus operandi* dos órgãos que compõem o aparato estatal. É necessário que, enquanto não forem terminadas obras inacabadas, não sejam iniciadas novas construções para o mesmo propósito.[336] É preciso que sejam terminadas escolas e hospitais inacabados antes de se iniciar outros na mesma circunscrição, se aqueles iniciados darão conta dos fins a que se destinam.[337] É necessário que não sejam iniciadas novas estradas enquanto não forem terminadas as estradas e rodovias inacabadas ou pendentes de recuperação.[338] É imperioso que não se faça o uso da máquina pública para deflagrar obras e serviços específicos por mero casuísmo politiqueiro ou particularista. Para tudo deve haver motivação justa, adequada e proporcional.

Não se admite mais deflagrar licitações públicas sem a observância de critérios mínimos, com projetos minimamente eficientes. A fase interna das licitações deve ser precedida de motivação proporcional e hígida, com equipe de servidores que compõe a comissão específica treinada, além de estudo de caso para o qual se deflagra o certame. Devem-se repudiar atos meramente formalistas para cumprir uma "pseudolegalidade".[339] E mais, as licitações devem ser sustentáveis. O Poder Público deve dar o exemplo em contratar serviços ou fazer obras e construções voltadas à proteção do meio ambiente sadio equi-

---

[336] Segundo apurado, o Tribunal de Contas da União mandou parar 31 obras federais para investigar o uso ilegal de dinheiro público. Só nessas obras sob suspeita, R$ 23 bilhões estão em jogo. Disponível em: <http://g1.globo.com/brasil/noticia/2011/06/elefantes-brancos-se-espalham-pela-paisagem-urbana-do-pais.html>. Acesso em: 30 set. 2015. Também consultar: DINIZ, Marisa. Vergonha Nacional – Obras inacabadas. Disponível em: <http://marisadinisnetworking.blogspot.com.br/2013/07/vergonha-nacional-obras-inacabadas.html>. Acesso em: 30 set. 2015.

[337] Ver: *Reportagem sobre gastos públicos: Hospitais caros e inacabados*. Disponível em: <http://www.gazetadopovo.com.br/vida-e-cidadania/hospitais-caros-e-inacabados-achsk36pbb1-a7wzw0k6p0x3da>. Acesso em: 30 set. 2015.

[338] Ver: *Estradas inacabadas por todo país causam prejuízo de dinheiro público*. Disponível em: <http://g1.globo.com/bom-dia-brasil/noticia/2012/03/estradas-inacabadas-por-todo-pais-causam-prejuizo-de-dinheiro-publico.html>. Acesso em: 30 set. 2015.

[339] Sobre o tema: ARAÚJO, Aldem Johnston Barbosa. *Da necessidade de obediência aos princípios da motivação e da pas de nullité sans grief na revogação de licitações em face de razões de interesse público, por motivo de fato superveniente*. Disponível em: <http://www.conteudojuridico.com.br/?artigos&ver=2.32171&seo=1>. Acesso em: 30 set. 2015.

librado, utilizando motivação com base nos princípios da prevenção e da precaução.[340] Os certames licitatórios devem ser os mais transparentes possíveis e utilizar a escolha da modalidade adequada, que atinja a eficiência pretendida.[341]

Os concursos públicos devem ser eficientes. Deve haver a seleção cada vez mais rigorosa, na busca do melhor servidor público para a estrutura estatal. E a ascensão de tais servidores na estrutura estatal deve ser amparada pela meritocracia, e não por leis formais sem efetividade, em que basta o simples decurso do tempo de serviço para alcançar a progressão na carreira. O Poder Público deve estimular o seu quadro funcional a buscar conhecimento e premiar aqueles que fazem as melhores escolhas administrativas ou orientam o gestor nesse sentido.[342]

A quem compete orientar juridicamente a Administração Pública, caso de assessores jurídicos, procuradores e pareceristas que compõem o quadro funcional dos órgãos, é inafastável a orientação técnica coerente, com base nas premissas constitucionais voltadas à efetividade primeira dos direitos fundamentais, e não meramente formalista. O servidor público dotado de conhecimento jurídico deve, sim, fazer um juízo axiológico no momento de emitir pareceres, sob pena de ser regressivamente responsável solidário em caso de eventuais danos por omissão estatal. Isso vale para todos os demais cargos técnicos, de acordo com suas competências.

A Administração deve fazer bom uso, cada vez mais, das novas tecnologias de gestão. A informatização e as novas funcionalidades estão à disposição para uma governança voltada à eficiência.[343] Deve o

---

[340] Para um estudo aprofundado, o relevante e premiado estudo *Sustentabilidade: direito ao futuro* (FREITAS, 2012, op. cit., p. 233 e ss.) e SARAIVA NETO, Pery. *A prova na jurisdição ambiental.* Porto Alegre: Editora Livrado do Advogado, 2010, p. 33 e ss.

[341] É o caso da utilização reiterada do pregão, que comprovadamente vem gerando economia ao erário e, ao mesmo tempo, tornou-se um instrumento capaz de minimizar ações oportunistas de agentes contratuais, pois dificulta a formação de cartéis e a promoção de fraudes, contribuindo para eficiência nos gastos públicos municipais. Sobre o tema: FERREIRA, Marco Aurélio Marques; MEDINA, Silvana Aparecida; REIS, Anderson de Oliveira. *Pregão Eletrônico e Eficiência nos Gastos Públicos Municipais.* In: Administração Pública e Gestão Social, Universidade Federal de Viçosa, MG, 6 (2), abr.-jun. 2014, 74-81. Disponível em: <http://www.apgs.ufv.br/index.php/apgs/article/viewFile/661/361>. Acesso em: 30 set. 2015, p. 74-81.

[342] Nesse sentido, consultar: CEREIJIDO, Juliano Henrique da Cruz. *O Princípio Constitucional da Eficiência, um Enfoque Doutrinário e Multidisciplinar.* Brasília: Revista do Tribunal da União – Fórum Administrativo, maio/2001, p. 231.

[343] Ávila escreve que "eficiente é a atuação administrativa que promove de forma satisfatória e os fins em termos quantitativos, qualitativos e probabilísticos. Para que a administração esteja de acordo com o dever de eficiência, não basta escolher meios adequados para promover seus fins. A eficiência exige muito mais do que mera adequação. Ela exige satisfatoriamente na promoção dos fins atribuídos à administração. Escolher um meio adequado para promover um fim, mas que promove o fim de modo insignificante, com muitos efeitos negativos paralelos ou com

Estado adaptar os bons exemplos do setor privado para alcançar uma política pública de resultados voltada à efetividade dos direitos fundamentais. Deve haver reformas na Administração Pública baseadas nos predicados da governança eficiente e desburocratizada.[344]

O orçamento público deve ser amplamente pensado, planejado e controlado, para que não haja insuficiência completa de recursos públicos voltados à satisfação dos direitos fundamentais prestacionais.[345] O Estado Constitucional deve ser criativo. Chegou o momento de defender o Estado da proporcionalidade. É imprescindível que haja a aplicação coerente e proporcional de recursos públicos para garantir o mínimo existencial. Há necessidade de coibir as práticas cruéis e odiosas de gastos desnecessários que não são motivados.

O Estado Constitucional determina que o interesse público primário, voltado à efetividade dos direitos fundamentais, seja privilegiado. Interesses secundários e egoísticos devem ser repudiados. Nesse sentido, há importância crucial no papel do controlador. Os Tribunais de Contas devem cada vez mais controlar os atos administrativos e, mais do que isso, orientar adequadamente, para que se evite o desnecessário.[346] Para tanto, a motivação é primordial. A sindicabilidade das escolhas administrativas legítimas somente poderá ser alcançada se for incutida a ideia de motivação proporcional e adequada voltada aos comandos do texto constitucional.

O Ministério Público, no uso de suas atribuições constitucionais, também deve zelar pelas boas práticas na Administração Pública. Deixar de lado antigas práticas coercitivas da estrita legalidade desprovida

---

pouca certeza, é violar o dever de eficiência administrativa. O dever de eficiência traduz-se, pois, na exigência de promoção satisfatória dos fins atribuídos à Administração Pública, considerando promoção satisfatória, para esse propósito, a promoção minimamente intensa e certa do fim. Essa interpretação remete-nos a dois modos de consideração do custo administrativo: a um modo absoluto, no sentido de que a opção menos custosa deve ser adotada, indiferente se outras alternativas, apesar de mais custosas, apresentam outras vantagens; a um modo relativo, no sentido de que a opção menos custosa deve ser adotada somente se as vantagens proporcionadas por outras opções não superarem o benefício financeiro". In: ÁVILA, Humberto. *Moralidade, Razoabilidade e Eficiência na Atividade Administrativa*. Belo Horizonte: Revista Brasileira de Direito Público, ano 1, n. 1, abr./jun. 2003, p. 127.

[344] Nesse sentido, consultar: SECCHI, Leonardo. *Modelos organizacionais e reforma da administração pública*. Disponível em: <http://www.scielo.br/scielo.php?pid=S0034-76122009000200004&script=sci_arttext>. Acesso em: 30 set. 2015.

[345] Nesse sentido: CASTRO, Karina Brandão. *O papel do orçamento público na efetivação de direitos sociais*. Revista SJRJ, Universidade Católica de Petrópolis, Rio de Janeiro, vol. 21, n. 40, ago/2014, p. 131-148. Disponível em: <http://www4.jfrj.jus.br/seer/index.php/revista_sjrj/article/viewFile/568/414>. Acesso em: 2 out. 2015, p. 131-148.

[346] Nesse sentido, consultar o controle da administração e a imprecisão da linguagem, em que são abordados os parâmetros de controle da Administração Pública e a vinculação do administrador. In: SICCA, Gerson dos Santos. *Discricionariedade Administrativa: conceitos indeterminados e aplicação*. Curitiba: Juruá, 2006, p. 193 e ss.

de fundamentação adequada e sem resultado, para ser um órgão controlador partícipe na orientação das boas escolhas administrativas quando provocado. Deve-se aprofundar o uso coerente de instrumentos administrativos, como os termos de ajustamento de conduta, para embutir a ideia de quem faz as escolhas administrativas de escolher com base na efetividade dos direitos fundamentais.[347]

Há necessidade de participação ativa da sociedade civil organizada, para que seja dada efetividade aos direitos fundamentais. Existe forte argumento no sentido, inclusive, da possibilidade de ingresso de ações civis públicas que buscam a efetivação de direitos fundamentais prestacionais por parte de associações de moradores.[348]

Escreve Freitas que "em país que arrecada mais de um terço do PIB em tributos, não se mostra sério o argumento da falta de recursos para o descumprimento do essencial.[349] Não há desculpa para o passivismo complacente, submisso, servil ou obscurantista". Diz o autor que "passou da hora de acolher, com todos os efeitos, o direito fundamental à boa administração pública, cogente o bastante para reorientar a gestão pública brasileira, no intuito de fazê-la menos burocrática, mais parceira da sociedade. Menos evasiva, mais assertiva e lúcida. Menos campeã das inconstitucionalidades (por ação e por omissão)".[350]

E todas as iniciais e preliminares provocações aqui descritas não são destituídas de fundamento constitucional. Imagine o quanto seria

---

[347] A propósito, consultar SCHOLZE, Vitor. *Termo de Ajustamento de Conduta é imperioso para melhorar administração pública*. Disponível em: <http://www.conjur.com.br/2015-jan-17/victor-scholze-tac-imperioso-melhorar-administracao-publica>. Acesso em: 2 out. 2015.

[348] É esclarecedora a reflexão nesse viés proposta por Maliska. In: *O Princípio da Proporcionalidade e os Direitos Fundamentais Prestacionais*. Autumn 2014 – Unoesc International Legal Seminars – Brazil-Germany. Proporcionalidade, Dignidade Humana e Direitos Sociais na Teoria dos Direitos Fundamentais de Robert Alexy. Programa de Mestrado em Direito da Unoesc. Chapecó-SC, mar. 2014, p. 21-23.

[349] Sobre o argumento da reiterada alegação de falta de recursos a partir da reserva do possível, não menos importante é a decisão do Supremo Tribunal Federal no julgamento da ADPF n. 45, em que o Ministro Celso de Mello deixou assentado: "Não se mostrará lícito, no entanto, ao Poder Público, em tal hipótese – mediante indevida manipulação de sua atividade financeira e/ou político-administrativa – criar obstáculo artificial que revele o ilegítimo, arbitrário e censurável propósito de fraudar, de frustrar e de inviabilizar o estabelecimento e a preservação, em favor da pessoa e dos cidadãos, de condições materiais mínimas de existência. Cumpre advertir, desse modo, que a cláusula da 'reserva do possível' – ressalvada a ocorrência de justo motivo objetivamente aferível – não pode ser invocada, pelo Estado, com a finalidade de se exonerar do cumprimento de suas obrigações constitucionais, notadamente quando, dessa conduta governamental negativa, puder resultar nulificação ou, até mesmo, aniquilação de direitos constitucionais impregnados de um sentido de essencial fundamentalidade" (STF, ADPF n. 45/DF, Rel. Min. Celso de Mello, julgado em 29-4-2004, DJU 4-5-2004).

[350] FREITAS, Juarez. *Contra a omissão inconstitucional: Reexame inovador da responsabilidade do Estado*. Revista do Ministério Público do RS, Porto Alegre, n. 66, maio–ago. 2010. Disponível em: <http://www.amprs.org.br/arquivos/revista_artigo/arquivo_1285763177.pdf>. Acesso em: 20 set. 2015, p. 75-76.

economizado se tais indagações fossem concretizadas? O quanto se economizaria a título de reparações decorrentes da responsabilidade civil do Estado por omissão? Será que não seria muito mais razoável recuperar estradas e vias públicas ao invés de deixá-las cada vez mais deterioradas, causando ações indenizatórias pela omissão manifesta? Será que não deveriam os gestores refletir a real necessidade de recuperação de pontes e bens públicos, se o custo seria infinitamente maior do que construir novas obras?[351] Será que não seria muito mais coerente fiscalizar morros e encostas onde encontram-se ocupações e construções irregulares ao invés de deixá-las à mercê das intempéries que causam danos injustos e mortes passíveis de reparação pelo Estado com manifesto nexo causal pela omissão? O Estado Constitucional reclama proporcional urbanização por meio de uma cidade sustentável.[352]

Logo, será que não seria a hora de evitar e prevenir demandas ao invés se de defender delas?[353] É preciso olhar as experiências do passado para cotejar a prevenção futura, a fim de evitar danos por conta de manifesta e desproporcional omissão reiterada do Estado. Galeano já refletia que a liberdade de escolher infortúnios ameaçadores não é a única opção.[354]

Servem essas iniciais provocações para incitar as escolhas administrativas legítimas voltadas à efetividade dos direitos fundamentais e prevenir a responsabilidade objetiva do Estado por omissão. A Cons-

---

[351] Repercutiu o caso da recuperação da Ponte Hercílio Luz da cidade de Florianópolis. Muito embora considerada cartão postal daquela cidade, o fato é que se passaram dez mandatos de governadores do Estado de Santa Catarina e, depois de uma enorme cifra de milhões que, segundo o Ministério Público do Tribunal de Contas catarinense, daria para construir três novas pontes estaiadas, além de melhorar o fluxo de veículos na ilha de Santa Catarina, ainda não se concluiu a reforma da referida ponte. Disponível em: <http://g1.globo.com/sc/santa-catarina/noticia/2015/10/tribunal-de-contas-de-sc-analisa-dois-relatorios-sobre-ponte-hercilio-luz.html>. Acesso em: 2 out. 2015.

[352] Para um estudo aprofundado, consultar: DE MARCO, Cristhian Magnus. *O direito fundamental à cidade sustentável e os desafios de sua eficácia*. 1. ed. Saarbrücken: Novas Edições Acadêmicas, 2014, p. 150 e ss.

[353] Pontual é a afirmação de Freitas: "De fato e de direito, o Estado não pode chegar tarde. Eis, a propósito, duríssima lição das chuvas no Rio, em 2010. Mortes facilmente evitáveis. Omissão causadora de danos injustos. Até autoridades reconheceram que uma das causas residia na liberada ocupação territorial irregular. Acrescentem-se os erros de drenagem, de planejamento, ao lado do manifesto descumprimento do dever de remoção das pessoas que remanescem nas encostas e noutras áreas críticas (já mapeadas). Criaturas que subestimaram os riscos, seja por otimismo ingênuo e irrealista, seja por estarem gravemente embaraçadas na escolha racional e consciente. Numa palavra: desamparadas pelo Estado". In: FREITAS, Juarez. *Contra a omissão inconstitucional: Reexame inovador da responsabilidade do Estado*. Revista do Ministério Público do RS, Porto Alegre, n. 66, maio–ago. 2010. Disponível em: <http://www.amprs.org.br/arquivos/revista_artigo/arquivo_1285763177.pdf>. Acesso em: 20 set. 2015, p. 74.

[354] GALEANO, Eduardo. *De pernas pro ar: a escola do mundo ao avesso*. Tradução de Sérgio Faraco. 9. ed. Porto Alegre: L&PM, 2007, p. 7.

tituição Federal dá a resposta para tudo. A interpretação sistemática do texto constitucional ampara todas as escolhas administrativas a serem feitas nesse sentido. A intepretação conjugada dos dispositivos constitucionais não destoa dessa lógica.

O Estado brasileiro tem como fundamento central a dignidade da pessoa humana (artigo 1º, inciso III). São fundamentos do Estado Constitucional brasileiro construir uma sociedade livre, justa e solidária; garantir o desenvolvimento nacional; erradicar a pobreza e a marginalização e reduzir as desigualdades sociais e regionais; e promover o bem de todos, sem preconceitos de origem, raça, sexo, cor, idade e quaisquer outras formas de discriminação (artigo 3º). O artigo 5º garante igualmente, a todos, um vasto rol de direitos fundamentais. O artigo 6º consagra como direitos fundamentais sociais a educação, a saúde, a alimentação, o trabalho, a moradia, o transporte, o lazer, a segurança, dotados de eficácia plena e aplicabilidade imediata (artigo 5º, § 1º). E vários desses direitos fundamentais, tanto na perspectiva objetiva quanto na subjetiva, estão pontualmente dispostos em todo o texto constitucional (artigos 144, 196, 203, 205, dentre outros). A Constituição Federal de 1988 ressalta o núcleo central da Administração Pública e seus princípios diretivos no artigo 37. O controle dos órgãos estatais é ressaltado nos artigos 70 e seguintes. A separação e o papel dos Poderes constituídos, a organização do Estado com as repartições de competências, também estão plenamente dispostos no texto constitucional. A forma e arrecadação de tributos que servem para custear o rol de direitos fundamentais, tudo está inserido na Carta Constitucional.

Portanto, a leitura conjugada do artigo 5º, §§ 1º e 2º, e do artigo 37, § 6º, traduz a efetividade de direitos fundamentais com eficácia plena e aplicabilidade imediata tanto quanto possível, com a consequente responsabilidade do Estado Constitucional em caso de desproporcional e manifesta omissão que venha a causar um dano injusto.[355]

---

[355] Há quem defenda, inclusive, que a partir desses elementos, urge consagrar o direito fundamental à tutela efetiva, notadamente pressuposto do direito fundamental à boa administração. Hachen, em tese de doutorado, defendeu "que a Constituição Federal de 1988 confere ao cidadão o direito fundamental à tutela administrativa efetiva, a qual: impõe à Administração Pública o dever prioritário de criar condições materiais e jurídicas para satisfazer os direitos fundamentais sociais em sua integralidade, para além do mínimo existencial, ainda que para tanto seja necessária sua atuação *praeter legem* ou *contra legem* para não incorrer em omissões inconstitucionais que obstem o desenvolvimento social; e, obriga-a a atender de forma igualitária a todos os titulares de idênticas posições subjetivas jusfundamentais, adotando de ofício medidas aptas a universalizar prestações concedidas individualmente por requerimentos administrativos ou condenações judiciais, sob pena de responsabilização estatal objetiva individual ou coletiva, a depender da natureza da pretensão jurídica em questão". In: HACHEM, Daniel Wunder. *A tutela administrativa efetiva dos direitos fundamentais sociais: por uma implementação espontânea, integral e igualitária*. Resumo de tese de doutorado em direitos fundamentais. In: Espaço Jurídico: Journal of Law. Editora Unoesc: Chapecó, v. 15, n. 1, p. 253-256, jan./jun. 2014. Disponível em:

Mas como quebrar esse paradigma das constantes omissões do Estado Constitucional que geram responsabilidade objetiva? Além da utilização reiterada do teste de proporcionalidade aliado aos princípios da prevenção e precaução nas escolhas administrativas legítimas, uma forma de forçar a quem compete, proporcional, adequada e constitucionalmente, decidir com base em escolhas legítimas é cada vez mais utilizar o instituto da responsabilidade regressiva, previsto no final do § 6º do artigo 37 da Constituição Federal de 1988.

Nesse sentido, é assentado na jurisprudência do Supremo Tribunal Federal o direito de regresso na hipótese de se verificar a incidência de dolo ou culpa do preposto que atua em nome do Estado.[356] E o dolo ou a culpa, em uma de suas vertentes, a saber, negligência, imperícia ou imprudência, pode perfeitamente advir da omissão manifesta e desproporcional pela falta de efetividade de direitos fundamentais que ensejaram danos injustos a terceiros, justamente fundada em ausência ou falta de motivação para as escolhas administrativas legítimas.

Ao responsabilizar regressivamente quem causou o dano injusto suportado pela vítima e que foi reparado objetivamente pelo Estado, estar-se-á criando um círculo de consequências a partir de uma constante e valorativa rotina pautada na sindicabilidade da apuração do dano. Incorporada a responsabilidade objetiva do Estado Constitucional por omissão na efetividade de direitos fundamentais, além de o aparato estatal ser ressarcido por quem injustamente causou o dano por uma omissão estatal na seara dos direitos fundamentais, gerar-se-á uma mudança no momento adequado de fazer as escolhas.

Se plena e efetiva se tornar a responsabilidade regressiva do agente público como regra, toda vez que o Estado Constitucional, por quem o representa, omitir-se em efetivar direitos fundamentais, fatalmente, quando ensejar o momento das escolhas administrativas legítimas, os parâmetros de valoração subjetiva na tomada de decisões será revisto pelo iminente risco regressivo. Decisões imotivadas, injustificadas e não levadas em consideração no sistema principiológico dos

---

<http://editora.unoesc.edu.br/index.php/espacojuridico/article/view/4958/2562>. Acesso em: 22 set. 2015, p. 254.

[356] Nesse sentido, as decisões do Supremo Tribunal Federal: "É assegurado o direito de regresso na hipótese de se verificar a incidência de dolo ou culpa do preposto, que atua em nome do Estado" (AI n. 552.366-AgR, Rel. Min. Ellen Gracie, julgamento em 6-10-2009, Segunda Turma, DJE 29-10-2009; e RE n. 551.156-AgR, Rel. Min. Ellen Gracie, julgamento em 10-3-2009, Segunda Turma, DJE 3-4-2009) (BRASIL, Supremo Tribunal Federal. *A Constituição e o Supremo*. 4. ed. Brasília, 2011, p. 908. Disponível em: <http://www.stf.jus.br/arquivo/cms/publicacaoLegislacaoAnotada/anexo/Completo.pdf>. Acesso em: 2 out. 2015).

direitos fundamentais poderão causar danos injustos por omissão que serão regressivamente apurados.

Incorporar no agente público a prática de decidir de forma proporcional, adequada e constitucionalmente motivada gera a possibilidade de evitar a omissão do Estado Constitucional passível de causar danos e alcança maior efetividade possível dos direitos fundamentais. Além disso, a sindicabilidade aprofundada de tais decisões se torna medida eficiente de controle para referida regressividade contra o agente causador do dano e consagra, em última instância, o direito fundamental à boa administração pública.

Conclusão

A ideia de responsabilidade do Estado Constitucional está intimamente ligada não somente ao caráter normativo e vinculante da Constituição, mas também às escolhas de quem representa o aparato estatal. Essa simbiose entre a discricionariedade administrativa e os ditames constitucionais propôs uma reorientação da responsabilidade do Estado Constitucional por omissão a partir da efetividade dos direitos fundamentais, tendo como pressuposto inarredável a sua configuração a partir das escolhas administrativas legítimas.

Essa é a premissa pela qual foi trilhada a pesquisa: a responsabilidade do Estado por omissão sob a matiz nitidamente constitucional, em que a efetividade dos direitos fundamentais é elemento nuclear. Logo, se a escolha administrativa for proporcional, motivada, razoável, adequada, voltada à concretização dos direitos fundamentais eleitos como prioridade na escala de opções dos agentes públicos, estar-se-á privilegiando o Estado Constitucional em sua essência. Legitimado, portanto, pela escolha de efetivar direitos fundamentais, de modo a não ensejar a responsabilidade estatal objetiva por omissão desproporcional e injusta.

A responsabilidade civil do Estado Constitucional parte de que o aparato estatal não é um fim em si mesmo. Se causar um dano injusto, desbordando-se dos ditames constitucionais e legais, deverá suportar as consequências previstas. É a máxima da divisão equitativa entre ônus e encargos de todos os membros da sociedade. Assim, a responsabilidade civil do Estado é entendida como a obrigação que o Estado possui de recompor os danos causados à esfera juridicamente tutelada dos particulares em virtude de comportamento unilateral comissivo ou omissivo, legítimo ou ilegítimo, material ou jurídico, desde que imputável ao Poder Público.

A evolução das teorias acerca da responsabilidade civil do Estado demostrou o amadurecimento do instituto por meio da passagem do Estado absolutista, em que vigorava a teoria da irresponsabilidade do Estado, até chegar à teoria do risco administrativo, consagrando a responsabilidade objetiva no texto constitucional. Ficou evidenciada a forte inspiração no Código Civil de 1916 para quebrar a tese da irresponsabilidade do Estado, procurando igualar o cidadão para fins de responsabilidade e vigorando a teoria da culpa com a evolução subsequente para teoria da culpa anônima pela *faute du servise*. As teorias da culpa (do agente e anônima pela falta ou insuficiência do serviço público) fundavam-se na responsabilidade estatal subjetiva, própria do regime civilista, em que restava ao particular supostamente lesado a difícil missão de comprovar o dano e a culpa do Estado. A teoria da culpa anônima foi o elo de ligação entre as teorias civilistas e a teoria atual publicista objetiva.

A evolução para a responsabilidade objetiva do Estado (responsabilidade sem culpa) é oriunda da chamada teoria do risco integral – em que não são admitidas excludentes de responsabilidade. Não havia mais a necessidade de comprovar a culpa para responsabilizar o Estado, bastando comprovar o nexo causal e o dano suportado. Essa forma radical de responsabilização do Estado foi amenizada pela chamada teoria do risco administrativo, corolário atual do artigo 37, § 6º, da Constituição Federal de 1988, pela qual o Estado responde objetivamente pelos danos que seus agentes causarem a terceiros, ressalvados os casos de excludentes do dever de indenizar. A teoria do risco administrativo, embora dispense a prova da culpa estatal, permite que o Estado comprove as excludentes de responsabilidade em uma de suas clássicas vertentes: culpa exclusiva da vítima, caso fortuito, força maior, exercício regular de direito, e culpa de terceiro.

O § 6º do artigo 37 da Carta Magna é o fundamento constitucional da responsabilidade objetiva. É a partir do referido dispositivo que o Estado Constitucional pode ser responsabilizado civilmente por ações e omissões que causem danos injustos aos cidadãos. Nesse sentido, restaram demonstradas no texto as peculiaridades e o conceito de dano e nexo de causalidade, primordiais para configuração da reparação estatal, uma vez que havendo a quebra do nexo causal, compreendido como o liame entre o fato e o dano, resta afastado o dever de indenizar por parte dos órgãos estatais.

É desenvolvido o conceito de serviço público, instituto que serve para satisfação da dignidade da pessoa humana e efetivação de direitos fundamentais e trazido no bojo do artigo 37, § 6º, da Constituição Federal de 1988. A partir do referido dispositivo constitucional, emerge a responsabilidade objetiva não só das pessoas jurídicas de direito público, mas também das pessoas jurídicas de direito privado prestadoras de serviço público. No ponto, destaque para mudança do posicionamento do Supremo Tribunal Federal ao responsabilizar objetivamente pessoa jurídica de direito privado na qualidade de concessionária prestadora de serviço público em relação a terceiro não usuário de serviço público.

Verificou-se que o estudo da responsabilidade civil do Estado talvez seja, atualmente, um dos institutos de direito público em que se apresenta um vasto rol de divergências doutrinárias e jurisprudenciais, o que sugere a sua reorientação a partir da teoria dos direitos fundamentais. Para tanto, mostrou-se oportuno o estudo do regime geral da responsabilidade civil estatal, o que exclui, por óbvio, a sua responsabilidade contratual, administrativa e penal, sobretudo porque a origem da norma se difere da responsabilização civil extracontratual do Estado.

A responsabilidade do Estado Constitucional pode decorrer das funções administrativa, legislativa e judicial, ainda que excepcionalmente. Portanto, a responsabilidade civil estatal não fica adstrita apenas ao âmbito da Administração Pública, podendo se espraiar até o campo dos atos legislativos e jurisdicionais, uma vez que é decorrente do próprio texto constitucional como sistema dogmático e principiológico, muito embora haja ainda certa relutância em seu reconhecimento nas atividades legiferantes e judiciais por parte da doutrina e da própria jurisprudência do Supremo Tribunal Federal.

Foram demonstradas questões importantes e complexas no regime geral de responsabilidade do Estado, como a omissão estatal que gera danos ambientais, caso em que deve ser aplicada a responsabilidade objetiva, bem como o conceito e as peculiaridades das excludentes de responsabilidade estatal decorrentes da teoria do risco administrativo, quais sejam, culpa exclusiva da vítima, caso fortuito, força maior, culpa de terceiro e exercício regular do direito.

Divergente também se mostrou o entendimento da prescrição na responsabilidade do Estado para o ingresso da demanda reparatória, em que há clara dicotomia na doutrina e na jurisprudência entre o prazo prescricional de cinco anos previsto no Decreto-Lei n. 20.910/1932 e o prazo prescricional de três anos do Código Civil. Não passaram despercebidos no texto os casos de responsabilidade regressiva do agente causador do dano, fator crucial para posterior sindicabilidade das escolhas administrativas legítimas, inclusive acerca do recente posicionamento do Supremo Tribunal Federal, em sede de repercussão geral, adotando-se a regra da prescritibilidade, na interpretação do artigo 37, § 5º, da Constituição Federal de 1988, ressalvados os casos de improbidade e matéria criminal.

Os contornos da responsabilidade do Estado passam necessariamente pela releitura a partir da efetividade dos direitos fundamentais. A legitimidade do Estado Constitucional se justifica com a concretização dos direitos fundamentais. Para compreensão acerca da teoria dos direitos fundamentais e seu papel de destaque como núcleo central do Estado Constitucional, foi demonstrada a evolução da geração de direitos fundamentais como um sistema aberto e flexível, passando inclusive pela utilização da tópica como instrumento de interpretação. Os direitos fundamentais inicialmente asseveram uma característica de direitos negativos, que importam uma restrição à ação do Estado, para posteriormente assumirem uma feição ativa, exigindo ações positivas desse Estado Constitucional, notadamente, um Estado social e democrático de direito.

O Estado Constitucional e os direitos fundamentais estabelecem uma relação recíproca, pois esse Estado necessita da dependência, funcionalidade e garantia dos direitos fundamentais para ser dotado de preceitos verdadeiramente constitucionais, de tal sorte que os direitos fundamentais, como consequência, requerem, para sua efetivação, a positivação e normatização, bem como as garantias por parte da própria máquina estatal.

Os direitos fundamentais também possuem, no ordenamento constitucional, o sentido de "cláusula aberta", de forma a respaldar o surgimento de "direitos novos" não expressos na Constituição Federal de 1988, mas nela implícitos, seja em decorrência do regime e princípios por ela adotados, ou em virtude de tratados internacionais de que o Brasil seja parte. Tal característica vem reforçada pelo que preconiza o disposto no artigo 5º, § 2º, da Carta Magna.

As normas constitucionais assumem diversas formulações conforme a função que exercem dentro do campo de ação da Constituição Federal de 1988. Externam-se de acordo com as distintas formas de positivação. Nesse sentido, o estudo procurou demonstrar que todo dispositivo da Carta Magna, especialmente aqueles referentes aos direitos fundamentais, é possuidor de determinado grau de eficácia e aplicabilidade, devido à normatização imposta pelo Poder Constituinte. E o principal dispositivo que dá guarida a essa preleção acerca dos direitos fundamentais é o § 1º do artigo 5º da Constituição Federal de 1988.

Pertinente em proêmio, foi destacado na pesquisa que na eficácia dos direitos fundamentais poderá haver certa variação, inclusive horizontalmente, sobretudo se tratar-se de direito fundamental decorrente de normas de natureza eminentemente programática ou sob forma de positivação que permita, desde logo, o reconhecimento de direito subjetivo ao particular titular do direito fundamental. Logo, ao se tratar de direitos fundamentais de defesa, a presunção em favor da aplicabilidade imediata e a máxima da maior eficácia possível devem prevalecer, não apenas autorizando, mas impondo à Administração Pública e, por conseguinte, aos juízes e tribunais que apliquem as respectivas normas aos casos concretos. Essa foi a exegese adequada, de modo a viabilizar o pleno exercício desses direitos, outorgando-lhes plenitude eficacial e, consequentemente, sua efetividade.

Após a análise da abrangência da norma disposta no artigo 5º, § 1º, da Constituição Federal de 1988, a partir das suas diferentes influências, expelidas por outras cartas constitucionais sobre o constituinte pátrio, especialmente pelo artigo 18/1 da Constituição portuguesa e pelo artigo 1º, inciso III, da Lei Fundamental da Alemanha, ficou demonstrada a aplicabilidade imediata dos direitos fundamentais e a função vinculante, norteadora e referencial das atividades administrativas, tanto pelos seus agentes, quanto pelos seus órgãos estatais, estando estes obrigados formal e materialmente, haja vista a indisponibilidade dos poderes públicos em relação a esses direitos.

Quanto aos direitos fundamentais prestacionais, a lição de Canotilho foi pontual ao asseverar que a Constituição dirigente se consubstancia a um máximo de "desejabilidade constitucional" de direitos prestacionais sociais, com necessária intervenção também do legislador, a fim de assegurar que os direitos prestacionais tenham a referida aplicabilidade imediata, e a sua carga eficacial seja a máxima possível, vinculando a atividade da Administração Pública conforme a vontade do constituinte.

O artigo 5º, § 1º, da Constituição Federal de 1988 revela, em sua normatividade, uma imposição aos poderes públicos de alicerçar a eficácia máxima e imediata factível aos direitos fundamentais. Nesse viés, Alexy é contundente quando assevera que os direitos fundamentais como princípios são mandamentos de otimização. Como mandamentos de otimização, princípios são normas que ordenam que algo seja realizado, relativamente às possibilidades fáticas e jurídicas, em medida tão alta quanto possível.

Na vinculação do Estado Constitucional à efetividade dos direitos fundamentais, mostrou-se indispensável o exame das perspectivas objetiva e subjetiva de tais direitos, a fim de compreender o alcance no âmbito da responsabilidade por omissão. Esse núcleo do Estado Constitucional é traduzido na dimensão objetiva desses direitos fundamentais, que são identificados como um conjunto de valores objetivos básicos e de fins diretivos da atuação estatal positiva, ao passo que a perspectiva subjetiva se revela na pretensão de um cidadão ou de um grupo de requerer do Estado Constitucional uma atividade ou uma restrição para o reconhecimento e proteção de um determinado interesse ou bem.

Chegou-se à conclusão de que a dimensão objetiva dos direitos fundamentais reforça sua dimensão subjetiva na medida em que irradiam todo o sistema jurídico do Estado Constitucional. A perspectiva objetiva dos direitos fundamentais se traduz em uma via dupla, uma vez que pode haver possibilidade concreta de reivindicação da perspectiva subjetiva.

No desenvolvimento do tema, mostrou-se indispensável o estudo do direito à boa administração pública como direito fundamental, uma vez que a partir do reconhecimento de tal direito fundamental na Constituição Federal de 1988 é que se delineiam as escolhas administrativas legítimas, a fim de verificar a omissão estatal passível de responsabilização. Reconhecida sua fundamentalidade, o direito à boa administração serve de verdadeiro instrumento de diretriz procedimental para a realização dos direitos fundamentais, sobretudo na implementação e controle de políticas públicas e na sindicabilidade das escolhas discricionárias.

Especificadamente, aprofundou-se a pesquisa na responsabilidade do Estado por atos omissivos, sobretudo em função da enorme divergência doutrinária e jurisprudencial acerca do tema, inclusive na decorrência da sua repercussão geral reconhecida pelo Supremo Tribunal Federal, o que sugere uma reorientação das dicotomias apresentadas, a partir do enfoque jusfundamental e o papel estatal para sua efetividade.

Em resumo, a jurisprudência majoritária dos Tribunais estaduais e do Superior Tribunal de Justiça vem aplicando o entendimento predominante de que no caso de atos omissivos do Estado pela falta ou insuficiência do serviço público, a responsabilidade é subjetiva, havendo a necessidade de se auferir a culpa pelo serviço público. A jurisprudência do Supremo Tribunal Federal, de um modo geral, adota a tese da responsabilidade subjetiva para atos omissivos, em que pese ter dado alguns sinais de que é bastante flexível, como não havendo a necessidade de comprovar a culpa específica, bastando a caracterização da culpa anônima. Por outro lado, em alguns julgados foi acatada a tese da irrestrita aplicação da responsabilidade objetiva, bastando comprovar o nexo causal entre a omissão do Estado e o dano suportado pela vítima, além da sua incidência em casos de omissão específica.

Essa necessidade de reorientação em torno da responsabilidade civil do Estado por omissão, além de demonstrar a complexidade dos debates em torno do tema, serviram de pano de fundo para cotejar as escolhas administrativas que ensejam a responsabilidade do Estado Constitucional por omissão na efetividade dos direitos fundamentais, o que não passou despercebido à análise crítica da construção dogmática da reserva do possível como provável excludente de responsabilidade do Estado por omissão em virtude da falta de concretização de direitos fundamentais. No ponto, imprescindível a comprovação material da real insuficiência de recursos e dos esforços administrativos para tal desiderato, sob pena de ser repelida veementemente a referida tese utilizada como desculpas genéricas para a omissão estatal no campo da efetivação dos direitos fundamentais, pois a mera alegação de falta de recursos equivale ao grau zero de garantia, como pondera Canotilho.

Portanto, a omissão do Estado Constitucional, em se tratando de direitos fundamentais, em maior ou menor extensão, constitui flagrante ofensa ao princípio da proporcionalidade. Logo, a investigação foi conduzida para auferir os instrumentos indispensáveis ao Estado Constitucional para coibir as suas omissões desproporcionais que causam danos injustos pela falta de efetividade dos direitos fundamentais, ocasionando o dever de reparação. Esses instrumentos são constituídos pelas diretrizes da proporcionalidade, prevenção e precaução.

Como o princípio da proporcionalidade possui uma dupla perspectiva, já que visa a proteger os direitos fundamentais tanto dos excessos cometidos pelos atos estatais quanto o abuso por arbitrariedades e suas omissões, tal característica expõe a proibição do excesso e o dever de proteção. Inequívoco, portanto, ao gestor público fazer um juízo axiológico que leve em conta subprincípios da adequação entre meios e fins, da necessidade e da proporcionalidade em sentido estrito, para verificar se as escolhas administrativas legítimas foram, de fato, adequadas, necessárias, racionais ou razoáveis. Passada a escolha discricionária pelo teste da análise da proporcionalidade, será antijurídica toda conduta omissiva do Estado que extrapolar aquilo que é considerado normal e justificável, e uma vez configurada a antijuridicidade, haverá o nexo causal e o consequente dever de indenizar.

O princípio da prevenção se revelou como fonte exigível do cumprimento dos deveres do Estado de forma eficiente e eficaz, de modo a impedir o nexo causal de danos presumidamente possíveis de ocorrer, sob pena de recair o Estado em responsabilidade objetiva. E o princípio da precaução impõe à Administração Pública o dever de motivadamente evitar, dentro de sua competência e possibilidades orçamentárias, a produção do evento que supõe danoso, em face da fundada convicção quanto ao risco de ocorrer prejuízo desproporcional se não interrompido o nexo causal. Como sugere Juarez Freitas, são verdadeiros antídotos aos males da irracionalidade e da baixa sindicabilidade atinentes à efetividade dos direitos fundamentais.

Finalmente, escopo primordial da investigação foi o estudo aprofundado das escolhas administrativas legítimas como intercorrência da responsabilidade objetiva do Estado Constitucional. A discricionariedade administrativa nas escolhas legítimas e sua sindicabilidade é questão nuclear para efetividade dos direitos fundamentais. Da sindicabilidade aprofundada do mérito administrativo e das escolhas administrativas legítimas nasce a concreta possibilidade de uma mudança drástica para evitar a responsabilidade do Estado Constitucional por omissão na seara dos direitos fundamentais.

Essa quebra de paradigmas que ainda permeia a atividade da Administração Pública, não só pelo eventual controle dessa atividade administrativa pelo Poder Judiciário, já sedimentado no ordenamento, mas antes pela necessidade de mudança nos aspectos axiológicos levados em consideração nas escolhas, leva à conclusão de que a responsabilidade por omissão do Estado é objetiva em se tratando de direitos fundamentais, não podendo ser considerada como mera condição do dano injusto suportado pelo particular, mas sim como causa direta em função da omissão desproporcional. Não se torna, pois, o Estado uma espécie de segurador universal. A questão aqui tratada é que a falta de um juízo axiológico proporcionalmente adequado no momento das escolhas administrativas legítimas gera o nexo causal compreendido como causa do eventual dano injusto materializado.

A compreensão do sistema jurídico como uma "rede axiológica e hierarquizada de princípios", como defende Freitas, redefine a discricionariedade administrativa com a necessidade de motivar as escolhas ou opções eleitas em razões objetivas e consistentes, oportunizando o seu controle e sindicabilidade.

Nesse sentido, os direitos fundamentais, como fonte irradiadora e parâmetro do Estado-administrador, assumiram papel de autêntico limite substantivo, e não meramente formal, das escolhas administrativas, atuando como normas fundamentais para boa gestão da coisa pública. Logo, o controle da atividade administrativa passa a ser uma exigência do Estado Constitucional, sendo fomentado esse controle a partir de juízos de validade, de fato e de valores das escolhas administrativas legítimas construídas sob a ótica dos direitos fundamentais.

O Supremo Tribunal Federal já assentou que a omissão e a inércia do Poder Público, em se tratando de direitos fundamentais, reveste-se da maior gravidade político-jurídica em desrespeito à Constituição. Portanto, é chegado, de uma vez por todas, o momento para que haja uma mudança drástica na forma de decidir as escolhas administrativas legítimas. Há total e inarredável necessidade de incorporar os pressupostos do direito fundamental à boa administração pública.

Os representantes dos poderes constituídos, os gestores da coisa pública e os agentes públicos em geral devem estar cientes e conscientes das escolhas discricionárias a serem tomadas a partir de ampla, razoável e adequada reflexão, voltada aos valores axiológicos plasmados no texto constitucional, sob pena de cometer danos injustos por omissões desproporcionais que geram o nexo de causalidade, elemento configurador da responsabilidade objetiva do Estado Constitucional.

Finalmente, após provocações críticas decorrentes de mazelas e descasos do próprio Estado, emerge a necessidade de sindicabilidade aprofundada das escolhas administrativas legítimas, em que a motivação proporcional e adequada é imprescindível. Exsurge como fator importantíssimo do controle dessas escolhas administrativas legítimas a inevitável responsabilidade regressiva do agente causador como instrumento de mudança desse panorama de omissões desproporcionais e inconstitucionais. Portanto, a interpretação conjugada do sistema dogmático-constitucional, especialmente dos artigos 5º, § 1º, e 37, § 6º, ambos da Constituição Federal de 1988, reorienta os parâmetros de valoração subjetiva das escolhas administrativas legítimas voltadas para efetividade dos direitos fundamentais, em virtude do iminente risco regressivo, consequência constitucional da responsabilidade objetiva do Estado por omissão.

Referências

ALESSI, Renato. *Diritto Amministrativo*. Milão: Dott. A. Giuffrè Editore, 1949.

ARAÚJO, Aldem Johnston Barbosa. Da necessidade de obediência aos princípios da motivação e da pas de nullité sans grief na revogação de licitações em face de razões de interesse público, por motivo de fato superveniente. Conteúdo Jurídico, Brasília-DF: 20 maio 2011. Disponível em: <http://www.conteudojuridico.com.br/?artigos&ver=2.32171&seo=1>. Acesso em: 30 set. 2015.

ALEXY, Robert. *Teoria de Los Derechos Fundamentales*. Tradução espanhola por Ernesto Garzón Valdés. Madrid: Centro de Estudios Constitucionales, 1997.

——. *Epílogo a La Teoria de Los Derechos Fundamentales*. Centro de Estudios Políticos e Constitucionales, Madrid, *Revista Española de Derecho Constitucional*, Ano 22, n. 66, p. 26, set/dez 2002.

——. *Direitos Fundamentais, Ponderação e Racionalidade*. Revista de Direito Privado. São Paulo: RT, n. 24, p. 334-344, out./dez. 2005.

AMARAL, Antônio Carlos Cintra do. *Concessão de Serviço Público*. 2. ed. São Paulo: Malheiros, 2006.

ANTUNES, Paulo de Bessa. *Direito ambiental.* 13. ed. Rio de Janeiro: Lumen Juris, 2010.

ARAGÃO, Alexandre Santos de. *Direito dos Serviços Públicos*. Rio de Janeiro: Forense, 2007.

ÁVILA, Humberto. *Moralidade, Razoabilidade e Eficiência na Atividade Administrativa*. Belo Horizonte: Revista Brasileira de Direito Público, ano 1, n. 1, abr./jun. 2003.

BACELLAR FILHO, Romeu Felipe. *Direito Administrativo*. São Paulo: Saraiva, 2005.

——. Responsabilidade Civil da Administração Pública – Aspectos Relevantes. *In*: FREITAS, Juarez (Org.). *Responsabilidade Civil do Estado*. São Paulo: Malheiros, 2006.

BANDEIRA DE MELLO, Celso Antonio. *Ato administrativo e direitos dos administrados.* São Paulo: Editora Revista dos Tribunais, 1981.

——. *Direito Administrativo Brasileiro.* 15. ed. São Paulo: Malheiros, 2004.

——. Discricionariedade e Controle Jurisdicional. 2. ed. São Paulo: Malheiros, 1998.

BARATIERI, Noel Antônio. *Serviço Público na Constituição Federal.* Porto Alegre: Livraria do Advogado, 2014.

BARBOSA, André Luiz Jardini. *Da responsabilidade do Estado quanto ao erro judiciário na sentença penal absolutória*. Dissertação de Mestrado em Direito e Serviço Social. Universidade Estadual Paulista Julio de Mesquita Filho. Franca, 2008.

BARCELLOS, Ana Paula de. A eficácia jurídica dos princípios constitucionais: o princípio da dignidade da pessoa humana. Rio de Janeiro: Renovar, 2002.

BARROSO, Luiz Roberto. *O direito constitucional e a efetividade de suas normas*. Limites e possibilidades da Constituição brasileira. 5. ed. Rio de Janeiro: Renovar, 2001.

——. *Temas de Direito Constitucional.* Tomo II, São Paulo: Renovar, 2003.

BASTOS, Celso Ribeiro; BRITTO, Carlos Ayres. *Interpretação e aplicabilidade das Normas Constitucionais*. São Paulo: Saraiva, 1982.

BERTOLDI, Márcia Rodrigues; FREITAS, Carla Pinheiro. *A hermenêutica ambiental e a responsabilização pelo dano moral ambiental objetivo.* In: Espaço Jurídico: Journal of Law. Editora Unoesc: Joaçaba, v. 16, n. 2, p. 441-456, jul./dez. 2015. Disponível em: <http://editora.unoesc.edu.br/index.php/espacojuridico/article/view/4034>. Acesso em: 22 set. 2015.

BITTENCOURT, Gisele Hatschbach. *Responsabilidade Extracontratual do Estado*. Belo Horizonte: Fórum 2010.
BOBBIO, Norberto. *A Era dos Direitos*. Tradução de Carlos Nelson Coutinho. Rio de Janeiro: Campus, 1992.
BONAVIDES, Paulo. *Teoria do ordenamento jurídico*. 8. ed. Brasília: Universidade de Brasília, 1996.
——. *Curso de Direito Constitucional*. 10. ed. São Paulo: Malheiros, 2000.
——. *Do Absolutismo ao Constitucionalismo*. In: Revista da Academia Brasileira de Direito Constitucional, v. 5, p. 553-595, 2004.
BORTOLI, Adriano De. A Validade dos Atos Administrativos e a Vinculação da Administração Pública aos Direitos Fundamentais. In: CADEMARTORI, Luiz Henrique (org.). *Temas de Política e Direito Constitucional Contemporâneos*. Florianópolis: Editora Momento Atual, 2003.
BRANCO, Paulo Gustavo Gonet; COELHO, Inocêncio Mártires; MENDES, Gilmar Ferreira. *Curso de direito constitucional*. São Paulo: Saraiva, 2009.
BRASIL. *Constituição da República Federativa do Brasil*. 1988. Disponível em: <http://www.presidencia.gov.br>. Acesso em: 6 out. 2015.
——. *Constituição dos Estados Unidos do Brasil*. 1946. Disponível em: <http://www.presidencia.gov.br>. Acesso em: 6 out. 2015.
——. *Código Civil*. 2002. Disponível em: <http://www.presidencia.gov.br>. Acesso em: 6 out. 2015.
——. *Código de Processo Civil*. 1973. Disponível em: <http://www.presidencia.gov.br>. Acesso em: 7 out. 2015.
——. *Código de Processo Penal*. 1941. Disponível em: <http://www.presidencia.gov.br>. Acesso em: 7 out. 2015.
——. *Emenda Constitucional n. 19, de 4 de junho de 1998*. Disponível em: <http://www.stf.jus.br>. Acesso em: 6 out. 2015.
——. *Decreto n. 20910, de 6 de janeiro de 1932*. Disponível em: <http://www.presidencia.gov.br>. Acesso em: 7 out. 2015.
——. *Decreto n. 81384, de 22 de fevereiro de 1978*. Disponível em: <http://www.presidencia.gov.br>. Acesso em: 7 out. 2015.
——. *Lei Federal n. 8987/1995*. Disponível em: <http://www.presidencia.gov.br>. Acesso em: 6 out. 2015.
——. *Lei Federal n. 9425/1996*. Disponível em: <http://www.presidencia.gov.br>. Acesso em: 7 out. 2015.
——. *Lei Federal n. 9494/1997*. Disponível em: <http://www.presidencia.gov.br>. Acesso em: 7 out. 2015.
——. *Lei Federal n. 10331/2001*. Disponível em: <http://www.presidencia.gov.br>. Acesso em: 6 out. 2015.
——. *Lei Federal n. 10744/2003*. Disponível em: <http://www.presidencia.gov.br>. Acesso em: 7 out. 2015.
——. *Lei Federal n. 6938/1981*. Disponível em: <http://www.presidencia.gov.br>. Acesso em: 6 out. 2015.
——. *Superior Tribunal de Justiça*. REsp n. 1.014.307/SP, Rel. Min. Ari Pargendler, publicado em 15-3-2010. Disponível em: <http://www.stj.jus.br>. Acesso em: 7 out. 2015.
——. *Superior Tribunal de Justiça*. REsp n. 1.066.063/RS, Rel. Min. Herman Benjamin, publicado em 9-3-2009. Disponível em: <http://www.stj.jus.br>. Acesso em: 7 out. 2015.
——. *Superior Tribunal de Justiça*. REsp n. 1185474/SC, Rel. Min. Humberto Martins, DJU 29-4-2010. Disponível em: <http://www.stj.jus.br>. Acesso em: 7 out. 2015.
——. *Superior Tribunal de Justiça*. REsp n. 1180888/GO, Rel. Min. Herman Benjamin, DJe 28-2-2012. Disponível em: <http://www.stj.jus.br>. Acesso em: 7 out. 2015.
——. *Superior Tribunal de Justiça*. REsp n. 1.069.779/SP, Rel. Min. Og Fernandes, publicado em 13-5-2009. Disponível em: <http://www.stj.jus.br>. Acesso em: 7 out. 2015.
——. *Superior Tribunal de Justiça*. REsp n. 1.180.888/GO, Rel. Min. Herman Benjamin, publicado em 28-2-2012. Disponível em: <http://www.stj.jus.br>. Acesso em: 7 out. 2015.
——. *Superior Tribunal de Justiça*. REsp n. 403.153/SP, Rel. Min. Felix Fischer, publicado em 24-3-2011. Disponível em: <http://www.stj.jus.br>. Acesso em: 7 out. 2015.

——. *Superior Tribunal de Justiça*. REsp n. 474.986/SP, Rel. Min. José Delgado, publicado em 24-2-2003. Disponível em: <http://www.stj.jus.br>. Acesso em: 7 out. 2015.
——. *Superior Tribunal de Justiça*. REsp n. 581.352/SC, Rel. Min. Herman Benjamin, publicado em 27-11-2014. Disponível em: <http://www.stj.jus.br>. Acesso em: 7 out. 2015.
——. *Superior Tribunal de Justiça*. REsp n. 721.439/RJ, Rel. Min. Eliana Calmon, publicado em 31-8-2007. Disponível em: <http://www.stj.jus.br>. Acesso em: 7 out. 2015.
——. *Superior Tribunal de Justiça*. REsp n. 858.811/GO, Rel. Min. Humberto Gomes de Barros, publicado em 28-8-2006. Disponível em: <http://www.stj.jus.br>. Acesso em: 6 out. 2015.
——. *Superior Tribunal de Justiça*. REsp n. 647.493/SC, Rel. Min. João Otávio de Noronha, publicado em 22-10-2007. Disponível em: <http://www.stj.jus.br>. Acesso em: 22 mai. 2015.
——. *Superior Tribunal de Justiça*. Súmula n. 227. Disponível em: <http://www.stj.jus.br>. Acesso em: 7 out. 2015.
——. *Supremo Tribunal Federal*. A Constituição e o Supremo. 4. ed. Brasília, 2011. Disponível em: <http://www.stf.jus.br/arquivo/cms/publicacaoLegislacaoAnotada/anexo/Completo.pdf>. Acesso em: 2 out. 2015.
——. *Supremo Tribunal Federal*. ADPF n. 347/DF, Rel. Min. Marco Aurélio, liminar deferida pelo Supremo Tribunal Federal em 9-9-2015, DJE 11-9-2015. Disponível em: <http://www.stf.jus.br>. Acesso em: 20 out. 2015.
——. *Supremo Tribunal Federal*. ADPF n. 45/DF, Rel. Min. Celso de Mello, julgado pelo Supremo Tribunal Federal em 29-4-2004, DJU 4-5-2004. Disponível em: <http://www.stf.jus.br>. Acesso em: 15 out. 2015.
——. *Supremo Tribunal Federal*. AI-AgR n. 577.908, Rel. Min. Gilmar Mendes, Segunda Turma, DJe 21-11-2008. Disponível em: <http://www.stf.jus.br>. Acesso em: 6 out. 2015.
——. *Supremo Tribunal Federal*. MS n. 20999/DF, Rel. Min. Celso de Mello, julgado pelo Tribunal Pleno do Supremo Tribunal Federal em 21-3-1990, DJU 25-5-1990. Disponível em: <http://www.stf.jus.br>. Acesso em: 7 out. 2015.
——. *Supremo Tribunal Federal*. MS n. 26210, Rel. Min. Ricardo Lewandowski, julgado em 4-8-2008, DJ 9-10-2008. Disponível em: <http://www.stf.jus.br>. Acesso em: 7 out. 2015.
——. *Supremo Tribunal Federal*. RE n. 153464, Rel. Min. Celso de Mello, julgado em 2-9-1992. Disponível em: <http://www.stf.jus.br>. Acesso em: 6 out. 2015.
——. *Supremo Tribunal Federal*. RE n. 160401, Rel. Min. Carlos Velloso, julgado em 20-4-1999, DJ 4-6-1999. Disponível em: <http://www.stf.jus.br>. Acesso em: 6 out. 2015.
——. *Supremo Tribunal Federal*. RE n. 109.615/RJ, Rel. Min. Celso de Mello, DJ de 2-8-1996. Disponível em: <http://www.stf.jus.br>. Acesso em: 6 out. 2015.
——. *Supremo Tribunal Federal*. RE n. 238453, Rel. Min. Moreira Alves, julgado em 12-11-2002, DJ 19-12-2002. Disponível em: <http://www.stf.jus.br>. Acesso em: 6 out. 2015.
——. *Supremo Tribunal Federal*. RE n. 302622, Rel. Min. Carlos Velloso, DJ 29-4-2005. Disponível em: <http://www.stf.jus.br>. Acesso em: 6 out. 2015.
——. *Supremo Tribunal Federal*. RE n. 327904, Rel. Min. Carlos Britto, julgado em 15-8-2006, DJ 8-9-2006. Disponível em: <http://www.stf.jus.br>. Acesso em: 6 out. 2015.
——. *Supremo Tribunal Federal*. RE n. 409203, Rel. Min. Carlos Velloso, julgado em 7-3-2006, DJ 20-4-2007. Disponível em: <http://www.stf.jus.br>. Acesso em: 7 out. 2015.
——. *Supremo Tribunal Federal*. RE n. 456302, Rel. Min. Sepúlveda Pertence, julgado em 18-9-2006, DJ 3-6-2010. Disponível em: <http://www.stf.jus.br>. Acesso em: 6 out. 2015.
——. *Supremo Tribunal Federal*. RE n. 482611, Rel. Min. Celso de Mello, julgado em 23-3-2010, DJ 6-4-2010. Disponível em: <http://www.stf.jus.br>. Acesso em: 7 out. 2015.
——. *Supremo Tribunal Federal*. RE n. 591784, Rel. Min. Ricardo Lewandowski, julgado em 26-8-2009, DJ 18-12-2009. Disponível em: <http://www.stf.jus.br>. Acesso em: 6 out. 2015.
——. *Supremo Tribunal Federal*. RE 669069/MG, Rel. Min. Teori Zavascki, julgado em 3-2-2016. Disponível em: <http://www.stf.jus.br>. Acesso em: 20 mar. 2016.
——. *Supremo Tribunal Federal*. RE-AgR n. 410715 SP , Rel. Celso de Mello, julgado em 22-11-2005, Segunda Turma, DJ 3-2-2006, PP-00076 EMENT VOL-02219-08 PP-01529 RIP v. 7, n. 35, 2006, p. 291-300. Disponível em: <http://www.stf.jus.br>. Acesso em: 6 out. 2015.
——. *Supremo Tribunal Federal*. RE-AgR n. 607.771, Rel. Min. Eros Grau, Segunda Turma, DJe 4-5-2010. Disponível em: <http://www.stf.jus.br>. Acesso em: 6 out. 2015.

——. *Supremo Tribunal Federal*. Responsabilidade civil objetiva por omissão tem repercussão geral reconhecida pela 2ª Turma. Disponível em: <http://www.stf.jus.br/portal/cms/verNoticiaDetalhe.asp?idConteudo=170747>. Acesso em: 23 set. 2015.

——. *Supremo Tribunal Federal*. Súmula n. 282. Disponível em: <http://www.stf.jus.br>. Acesso em: 7 out. 2015.

——. *Supremo Tribunal Federal*. Súmula n. 356. Disponível em: <http://www.stf.jus.br>. Acesso em: 7 out. 2015.

——. *Tribunal de Justiça do Estado de Santa Catarina*. Terceira Câmara de Direito Público. Recurso de Apelação 2013.090140-3. Rel. Pedro Manoel Abreu, julgado em 18-3-2014, DJE 4-4-2014. Disponível em: <http://www.tjsc.jus.br>. Acesso em: 6 out. 2015.

BRESSER-PEREIRA, Luiz Carlos. *A reforma do estado dos anos 90: lógica e mecanismos de controle*. Cadernos MARE da reforma do estado, Vol. 1. Brasília: Ministério da Administração Federal e Reforma do Estado, 1997.

——. *Surgimento do Estado Republicano*. Trabalho apresentado no III Simpósio Internacional sobre Justiça, Porto Alegre, 1-5 de setembro de 2003. Revisado em fevereiro de 2004. Disponível em: <http://www.scielo.br/pdf/ln/n62/a08n62.pdf>. Acesso em: 20 set. 2015.

BREUS, Thiago Lima. Da Prestação de Serviços à Concretização de Direitos: O Papel do Estado na Efetivação do Mínimo Existencial. In: COSTALDELLO, Angela Cassia (coord.). Serviço Público – *Direitos Fundamentais, Formas Organizacionais e Cidadania*. Curitiba: Juruá, 2007.

CADEMARTORI, Luiz Henrique Urquhart. Discricionariedade Administrativa no Estado Constitucional Brasileiro. Curitiba: Juruá, 2001.

CADERMATORI, Sérgio. Estado de direito e legitimidade: uma abordagem garantista. 2. ed. Campinas: Millennium, 2007.

CAHALI, Yussef Said. *Responsabilidade Civil do Estado*. 2. ed. ver. e atual. São Paulo: Malheiros, 1995.

CAMPOS, Carlos Alexandre de Azevedo. *Da Inconstitucionalidade por Omissão ao "Estado de Coisas Inconstitucional"*. Tese de doutorado aprovada na Faculdade de Direito da UERJ sob a orientação do Prof. Daniel Sarmento, 2015.

CANARIS, Claus Wilhelm. *Pensamento Sistemático e conceito de sistema na ciência do Direito*. Tradução portuguesa. Lisboa: Fundação Calouste Gubenkian, 1989.

CANOTILHO, José Joaquim Gomes. Constituição Dirigente e Vinculação do Legislador. Contributo para Compreensão das normas constitucionais programáticas. Coimbra: Coimbra Editora, 1994.

——. Direito Constitucional e Teoria da Constituição. 3. ed. Coimbra: Almedina, 1999.

——. O Direito Constitucional como Ciência de Direcção: o núcleo essencial de prestações sociais ou a localização incerta da socialidade. Contributo para a reabilitação da força normativa da constituição social. Revista de Doutrina da 4ª Região. Porto Alegre: Revista de Doutrina da 4ª Região, n. 22, fev. 2008. Disponível em: <htpp://www.revistadoutrina.trf4.jus.br/artigos/edicao022/Jose_Canotilho.htm>. Acesso em: 26 set. 2014.

CARVALHO, Valter Alves. O direito à boa administração pública como instrumento de hermenêutica constitucional. In: FERREIRA, Gustavo Sampaio Telles; XIMENES, Júlia Maurmann (Coord.). *Instituições políticas, administração pública e jurisdição constitucional*. CONPEDI, Florianópolis: FUNJAB, 2012, p. 312-336. Disponível em: <http://www.publicadireito.com.br/artigos/?cod=234a1273487bf7b2>. Acesso em: 18 set. 2015.

CARVALHO FILHO, José dos Santos. *Manual de Direito Administrativo*. 24. ed. rev. ampl. e atual. Rio de Janeiro: Lumen Juris, 2010.

CASTRO, Guilherme Couto de. *A responsabilidade civil objetiva no direito brasileiro*. 2. ed. Rio de Janeiro: Forense, 1997.

CASTRO, Karina Brandão. *O papel do orçamento público na efetivação de direitos sociais*. Revista SJRJ, Universidade Católica de Petrópolis, Rio de Janeiro, vol. 21, n. 40, ago/2014, p. 131-148. Disponível em: <http://www4.jfrj.jus.br/seer/index.php/revista_sjrj/article/viewFile/568/414>. Acesso em: 2 out. 2015.

CAUPERS, João. Os Direitos Fundamentais dos Trabalhadores e a Constituição. Coimbra: Almedina, 1985.

CAVALCANTI, Amaro. *Responsabilidade Civil do Estado*. Edição atualizada por José de Aguiar Dias. Rio de Janeiro: Borsoi, 1957.

CAVALIERI FILHO, Sérgio. *Programa de Responsabilidade Civil*. 6. ed. ver. aum. e atual. 2. tir. São Paulo: Malheiros, 2006.

CEREIJIDO, Juliano Henrique da Cruz. *O Princípio Constitucional da Eficiência, um Enfoque Doutrinário e Multidisciplinar*. Brasília: Revista do Tribunal da União – Fórum Administrativo, maio/2001.

CLÈVE, Clèmerson Merlin. M. *A Fiscalização Abstrata da Constitucionalidade no Direito Brasileiro*. 2. ed. São Paulo: Revista dos Tribunais, 2000.

COSTA, Maurício Mesurini da. *Controle judicial de políticas públicas: procedimento, justificação e responsabilidade*. Dissertação de Mestrado. Centro de Pós-Graduação em Direito – CPGD. Florianópolis: UFSC, 2008.

CRETELLA JÚNIOR, José. *Tratado de Direito Administrativo*. 2. ed. Rio de Janeiro: Forense: 2003.

CRISTÓVAM, José Sérgio da Silva. Colisões entre Princípios Constitucionais – Razoabilidade, Proporcionalidade e Argumentação Jurídica. Curitiba: Juruá, 2006.

CUNHA, Leonardo José Carneiro da. *A Fazenda Pública em Juízo*. 6. ed. São Paulo: Dialética, 2008.

DE MARCO, Cristhian Magnus. *O direito fundamental à cidade sustentável e os desafios de sua eficácia*. 1. ed. Saarbrücken: Novas Edições Acadêmicas, 2014.

——; CASTRO, Matheus Felipe de. *As dimensões e perspectivas do direito fundamental ao livre desenvolvimento da personalidade*. Prisma Jur., São Paulo, v. 12, n. 1, p. 13-49, jan./jun. 2013. Disponível em: <http://www4.uninove.br/ojs/index.php/prisma/article/view/4253>. Acesso em: 22 set. 2015.

DI PIETRO, Maria Sylvia Zanella. *Direito Administrativo*. 21. ed. São Paulo: Atlas, 2008.

DIAS, Ronaldo Brêtas de Carvalho. *Responsabilidade do estado pela função jurisdicional*. Belo Horizonte: Del Rey, 2004.

DIEZ, Manuel Maria. *El acto administrativo*. 2. ed. Buenos Aires: Tipografica Editora Argentina S.A, 1961.

DINIZ, Maria Helena. *Norma Constitucional e seus Efeitos*. São Paulo: Saraiva, 1989.

——. *Responsabilidade Civil*. 27 ed. São Paulo: Saraiva, 2013.

DINIZ, Marisa. *Vergonha Nacional – Obras inacabadas*. Disponível em: <http://marisadiniznetworking.blogspot.com.br/2013/07/vergonha-nacional-obras-inacabadas.html>. Acesso em: 30 set. 2015.

DUEZ, Paul; DEBEYRE, Guy. *Traité de Droit Administratif*. Paris: Librairie Dalloz, 1952.

DWORKIN, Ronald. *Los derechos en serio*. Tradução de Marta Gustavino. Barcelona: Ariel Derecho, 1989.

FARIAS, Edilson Pereira de. Colisão de direitos: a honra, a intimidade, a vida privada e a imagem versus a liberdade de expressão e informação. Porto Alegre: Sérgio Antonio Fabris, 1996.

FELDENS, Luciano. *Direitos fundamentais e direito penal*. Porto Alegre: Livraria do Advogado, 2008.

FERREIRA, Marco Aurélio Marques; MEDINA, Silvana Aparecida; REIS, Anderson de Oliveira. *Pregão Eletrônico e Eficiência nos Gastos Públicos Municipais*. In: Administração Pública e Gestão Social, Universidade Federal de Viçosa, MG, 6 (2), abr.-jun. 2014, 74-81. Disponível em: <http://www.apgs.ufv.br/index.php/apgs/article/viewFile/661/361>. Acesso em: 30 set. 2015.

FIGUEIREDO, Lucia Valle. *Curso de Direito Administrativo*. 5. ed. São Paulo: Malheiros, 2001.

FREITAS, Juarez. *Estudos de Direito Administrativo*. São Paulo: Malheiros, 1995.

——. O controle dos atos administrativos e os princípios fundamentais. São Paulo: Malheiros, 1999.

——. (Org.). *Responsabilidade Civil do Estado*. São Paulo: Malheiros, 2006.

——. Discricionariedade Administrativa e o Direito Fundamental à Boa Administração Pública. São Paulo: Malheiros, 2007.

——. *O Princípio Constitucional da Precaução e o Dever Estatal de Evitar Danos Juridicamente Injustos*. Revista da Ordem dos Advogados do Brasil, 2008. Disponível em: <http://www.oab.org.br/editora/revista/users/revista/1205505615174218181901.pdf>. Acesso em: 30 set. 2015.

——. *Contra a omissão inconstitucional: Reexame inovador da responsabilidade do Estado*. Revista do Ministério Público do RS, Porto Alegre, n. 66, maio–ago. 2010. Disponível em: <http://www.amprs.org.br/arquivos/revista_artigo/arquivo_1285763177.pdf>. Acesso em: 20 set. 2015.

——. *Sustentabilidade: Direito ao futuro*. 2. ed. Belo Horizonte: Fórum, 2012.

GALEANO, Eduardo. *De pernas pro ar: a escola do mundo ao avesso*. Tradução de Sérgio Faraco. 9. ed. Porto Alegre: L&PM, 2007.

GASPARINI, Diógenes. *Direito Administrativo*. 14. ed. rev. São Paulo: Saraiva, 2009.

GAZETA DO POVO, Vida e Cidadania, 31 out. 2011. Reportagem sobre gastos públicos: Hospitais caros e inacabados. Disponível em: <http://www.gazetadopovo.com.br/vida-e-cidadania/hospitais-caros-e-inacabados-achsk36pbb1a7wzw0k6p0x3da>. Acesso em: 30 set. 2015.

GONÇALVES, Carlos Roberto. *Responsabilidade Civil*. 9. ed. São Paulo: Saraiva, 2005.

GRAU, Eros Roberto. *A ordem econômica na constituição de 1988*. 4. ed. São Paulo: Malheiros, 1988.

GRECO FILHO, Vicente. A denunciação da lide: sua obrigatoriedade e extensão. Justitia, 1976.

G1, Edição do Dia, 21 mar. 2012. Estradas inacabadas por todo país causam prejuízo de dinheiro público. Disponível em: <http://g1.globo.com/bom-dia-brasil/noticia/2012/03/estradas-inacabadas-por-todo-pais-causam-prejuizo-de-dinheiro-publico.html>. Acesso em: 30 set. 2015.

——. Notícias, 12 jun. 2011. Disponível em: <http://g1.globo.com/brasil/noticia/2011/06/elefantes-brancos-se-espalham-pela-paisagem-urbana-do-pais.html>. Acesso em: 30 set. 2015.

——. Santa Catarina, 2 out. 2015. Disponível em: <http://g1.globo.com/sc/santa-catarina/noticia/2015/10/tribunal-de-contas-de-sc-analisa-dois-relatorios-sobre-ponte-hercilio-luz.html>. Acesso em: 2 out. 2015.

HÄBERLE, Peter. *Hermenêutica constitucional*. A sociedade dos intérpretes da Constituição: contribuição para a interpretação pluralista e "procedimental" da Constituição. Tradução de Gilmar Ferreira Mendes. Porto Alegre: Sergio Antonio Fabris Editor, 1997.

HABERMAS, Jürgen. *Direito e Democracia entre Facticidade e Validade*. Tradução por Flávio Beno Siebeneichler. 2. v. Rio de Janeiro: Templo Brasileiro, 1997.

HACHEM, Daniel Wunder. *A tutela administrativa efetiva dos direitos fundamentais sociais: por uma implementação espontânea, integral e igualitária*. Resumo de tese de doutorado em direitos fundamentais. In: Espaço Jurídico: Journal of Law. Editora Unoesc: Chapecó, v. 15, n. 1, p. 253-256, jan./jun. 2014. Disponível em: <http://editora.unoesc.edu.br/index.php/espacojuridico/article/view/4958/2562>. Acesso em: 22 set. 2015.

HARGER, Marcelo. *Consórcios Públicos na Lei n. 11.107/05*. Belo Horizonte: Fórum, 2007.

HESSE, Konrad. *A força normativa da Constituição*. Tradução de Gilmar Ferreira Mendes. Porto Alegre: Sergio Antonio Fabris, 1991.

——. *Elementos de Direito Constitucional da República Federal da Alemanha*. Porto Alegre: Fabris, 1998.

HONNETH, Axel. *Luta por reconhecimento: a gramática moral dos conflitos sociais*. São Paulo: Editora 34, 2003.

HUMENHUK, Hewerstton. *O direito à saúde no Brasil e a teoria dos direitos fundamentais*. Jus Navigandi, Teresina, a. 8, n. 227, 20 fev. 2004. Disponível em: <http://jus2.uol.com.br/doutrina/texto.asp?id=4839>. Acesso em: 20 set. 2015.

JELLINEK, Georg. *Teoría General del Estado*. Buenos Aires: Albatroz, 1954.

JUSTEN FILHO, Marçal. A responsabilidade do Estado. In: FREITAS, Juarez (Org.). *Responsabilidade Civil do Estado*. São Paulo: Malheiros Editores, 2006.

——. *Curso de Direito Administrativo*. 5. ed. São Paulo: Saraiva: 2010.

KELLER, Arno Arnoldo. *A exigibilidade dos direitos fundamentais sociais no Estado Democrático de Direito*. Porto Alegre: Sergio Antonio Fabris Editor, 2007.

KLATT, Matthias; MEISTER, Moritz. *The Constitutional Structure of Proportionality*. Oxford: Oxford University Press, 2012.

KRELL, Andreas J. *Discricionariedade Administrativa e Proteção Ambiental*. O Controle dos Conceitos Jurídicos Indeterminados e a Competência dos Órgãos Ambientais. Porto Alegre: Livraria do Advogado, 2004.

LATOURNERIE, Marie-Aimée. *Responsabilité Publique et Constitution*. Paris: Mélanges Chapus, 1992.
LE TORNEAU, Phillipe; CALDIET, Loic. *Droit de la Responsabilité*. Paris: Dalloz, 1998.
LEAL, Rogério Gesta. *Estado, Administração Pública e Sociedade: Novos Paradigmas*. Porto Alegre: Livraria do Advogado, 2006.
LEITE, Luciano Ferreira. *Discricionariedade administrativa e controle judicial*. São Paulo: Revista dos Tribunais, 1981.
MACHADO, Paulo Affonso Leme. *Direito Ambiental Brasileiro*. 12. ed. São Paulo: Malheiros, 2004.
MALISKA, Marcos Augusto. *O Direito à Educação e a Constituição*. Porto Alegre: Fabris, 2001.
——. *A Influência da Tópica na Interpretação Constitucional*. Direto em Revista. Faculdade de Direito de Francisco Beltrão. vol. 4. n. 7, maio 2005. Francisco Beltrão: Grafit, 2005.
——. *O Princípio da Proporcionalidade e os Direitos Fundamentais Prestacionais*. Autumn 2014 – Unoesc International Legal Seminars – Brazil-Germany. Proporcionalidade, Dignidade Humana e Direitos Sociais na Teoria dos Direitos Fundamentais de Robert Alexy. Programa de Mestrado em Direito da Unoesc. Chapecó-SC, mar. 2014.
MALLÉN, Beatriz Tomás. *El derecho fundamental a una buena administración*. Madrid: Instituto Nacional de Administración Pública, 2004. p. 69-71.
MARMELSTEIN, George. *Curso de direitos fundamentais*. São Paulo: Atlas, 2008.
MEDAUAR, Odete. *Direito administrativo moderno*. 8. ed. São Paulo: Saraiva, 2004.
MEIRELLES, Hely Lopes. *Direito administrativo brasileiro*. 23. ed. São Paulo: Malheiros, 1998.
MELLO, Oswaldo Aranha Bandeira de. *Princípios gerais de direito administrativo*. v. 1. São Paulo: Forense, 1969.
MENDES, Gilmar Ferreira. Os Direitos Individuais e suas Limitações: Breves Reflexões. In: MENDES, Gilmar Ferreira; COELHO, Inocêncio Mártires; BRANCO, Paulo Gustavo Gonet Branco. *Hermenêutica constitucional e os direitos fundamentais*. Brasília: Brasília Jurídica, 2000.
MONTEIRO FILHO, Carlos Edison do Rêgo. Problemas de Responsabilidade Civil do Estado. In: FREITAS, Juarez (Org.). *Responsabilidade Civil do Estado*. São Paulo: Malheiros, 2006.
MOREIRA, Egon Bockmann. *Direito das Concessões de Serviço Público – Inteligência da Lei 8.987/1995* (Parte Geral). São Paulo: Malheiros, 2010.
MOREIRA NETO, Diogo de Figueiredo. *Curso de Direito Administrativo*. 13. ed. Rio de Janeiro: Forense, 2003.
——. *Curso de direito administrativo*: parte introdutória, parte geral e parte especial. 15. ed. Rio de Janeiro: Forense, 2009.
MORGADO, Cintia. *Direito à boa Administração. Recíproca dependência entre direitos fundamentais, organização e procedimento*. Revista de Direito da Procuradoria-Geral do Estado do Rio de Janeiro. Volume 65, 2010, p. 68-94. Disponível em: <http://download.rj.gov.br/documentos/10112/995656/DLFE-50821.pdf/Revista65Doutrina_pg_68_a_94.pdf>. Acesso em: 30 set. 2015.
MOTTA, Bruno Rodrigues. *Responsabilidade civil do estado pela desvalorização imobiliária*. Revista da Ordem dos Advogados do Brasil – OAB. Disponível em: <http://www.oab.org.br/editora/revista/users/revista/1211290361174218181901.pdf>. Acesso em: 23 set. 2015.
NUNES, Rizzatto. *O Princípio Constitucional da Dignidade da Pessoa Humana*: Doutrina e Jurisprudência. 3. ed. São Paulo: Saraiva, 2010.
PEÑA FREIRE, Antonio Manuel. *La Garantía em el Estado Constitucional de Derecho*. Madrid: Trotta, 1997.
PEREIRA, Cesar A. Guimarães. *Usuários de Serviços Públicos*. 2. ed., ver. e amp. São Paulo: Saraiva, 2008.
PIOVESAN, Flávia. *Direitos Humanos e o Direito Constitucional Internacional*. 2. ed. São Paulo: Max Limonad, 1997.
PONDÉ, Lafayette. *Estudos de Direito Administrativo*. Belo Horizonte: Del Rey, 1995.
RIVERO, Jean. *Direito Administrativo*. Coimbra: Almedina, 1981.
RODRIGUES, Marcelo Abelha. *Elementos de Direito Ambiental – Parte Geral*. 2. ed. São Paulo: RT, 2005.
ROLIM, Luiz Antonio. A Administração indireta, as concessionárias e permissionárias em juízo. São Paulo: Editora Revista dos Tribunais, 2004.

SALOOJEER, Anver; FRASER-MOLEKETI. Desafios comuns a reformas administrativas em países em desenvolvimento. In: PETERS, B. Guy; PIERRE, Jon (Org.). *Administração Pública: coletânea*. São Paulo: Editora UNESP; Brasília, DF: ENAP, 2010, p. 491-512.

SAMPAIO, José Adércio Leite. *A constituição reinventada pela jurisdição constitucional*. Belo Horizonte: Del Rey, 2002.

SANTOS, Rodrigo Valgas dos. Nexo Causal e Excludentes da Responsabilidade Extracontratual do Estado. In: FREITAS, Juarez (Org.). *Responsabilidade Civil do Estado*. São Paulo: Malheiros, 2006.

SARAIVA NETO, Pery. *A prova na jurisdição ambiental*. Porto Alegre: Livraria do Advogado, 2010.

SARLET, Ingo Wolfgang. *A Eficácia dos Direitos Fundamentais*. Porto Alegre: Livraria do Advogado, 1998.

——. Constituição e Proporcionalidade: o direito penal e os direitos fundamentais entre proibição de excesso e de insuficiência. In: Revista de Estudos Criminais n. 12, ano 3. Sapucaia do Sul: Editora Nota Dez, 2003.

——. *Direitos Fundamentais e Proporcionalidade*: notas a respeito dos limites e possibilidades de aplicação das categorias da proibição de excesso e de insuficiência em matéria criminal. In: Revista da Ajuris, v. 35, n. 109, mar. 2008.

——. *A Administração Pública e os Direitos Fundamentais*. Aula proferida na Escola da Magistratura do TRF-4ª Região, Curso Permanente, Módulo II, Direito Administrativo [on line], 12 de novembro de 2007. Disponível em: <http://www2.trf4.jus.br/trf4/upload/arquivos/emagis_atividades/ingowolfgangsarlet.pdf>. Acesso em: 18 set. 2015.

SARMENTO, Daniel. *A Ponderação de Interesses na Constituição Federal*. Rio de Janeiro: Lumen Juris, 2003.

——. *Direitos Fundamentais e Relações Privadas*. 2. ed. Rio de Janeiro: Lumen Juris, 2006.

SAVATIER, René. *La théorie des obligatios em droit privé écnomique*. Quadrième, éd. Paris: Dalloz, 1979.

SAWEN FILHO, João Francisco. *Da responsabilidade civil do Estado*. Rio de Janeiro: Lumen Juris, 2001.

SCHOLLER, Heinrich. *O Princípio da Proporcionalidade no Direito Constitucional e Administrativo da Alemanha*. Tradução: Ingo Wolfgang Sarlet. *Revista Interesse Público*, n. 2, abr./jun. 1999, p. 93-107. Porto Alegre: Notadez, 1999.

SEABRA FAGUNDES, Miguel. *O controle dos atos administrativos pelo Poder Judiciário*. 5. ed. rev. e atual. Rio de Janeiro: Forense, 1979.

SECCHI, Leonardo. *Modelos organizacionais e reforma da administração pública*. Revista de Administração Pública. v. 43, n. 2, Rio de Janeiro, mar./abr. 2009. Disponível em: <http://www.scielo.br/scielo.php?pid=S0034-76122009000200004&script=sci_arttext>. Acesso em: 30 set. 2015.

SICCA, Gerson dos Santos. Discricionariedade Administrativa: conceitos indeterminados e aplicação. Curitiba: Juruá, 2006.

SCHOLZE, Vitor. *Termo de Ajustamento de Conduta é imperioso para melhorar administração pública*. Disponível em: <http://www.conjur.com.br/2015-jan-17/victor-scholze-tac-imperioso-melhorar-administracao-publica>. Acesso em: 2 out. 2015.

SILVA, Jose Afonso da. *Aplicabilidade das Normas Constitucionais*. 3. ed. São Paulo: Malheiros, 1998.

SILVA, Virgílio Afonso da. A constitucionalização do direito: os direitos fundamentais nas relações entre particulares. São Paulo: Malheiros, 2005.

SOARES, Luiz Eduardo. *Segurança Pública presente e futuro*. Estud. av., v. 20, n. 56, São Paulo, jan./abr. 2006. Disponível em: <http://www.scielo.br/scielo.php?pid=S0103-40142006000100008&script=sci_arttext>. Acesso em: 30 set. 2015.

STEINMETZ, Wilson Antônio. *Colisão de Direitos Fundamentais e o Princípio da Proporcionalidade*. 1. ed. Porto Alegre: Livraria do Advogado, 2001.

——. Vinculação dos Particulares a Direitos Fundamentais. São Paulo: Malheiros, 2005.

STOCCO, Rui. *Tratado de Responsabilidade Civil*. 10. ed. São Paulo: Revista dos Tribunais, 2014.

STRECK, Lenio Luiz. Da proibição do excesso (*Übermassverbot*) à proibição de proteção deficiente (*Untermassverboten*): de como não há blindagem contra normas penais inconstitucionais. *Revista do Instituto de Hermenêutica Jurídica*. v. 1, n. 2. Porto Alegre: IHJ, 2004.

——. *O dever de proteção do Estado (Schutzpflicht)*: o lado esquecido dos direitos fundamentais ou "qual a semelhança entre os crimes de furto privilegiado e o tráfico de entorpecentes?". Disponível em: <http://leniostreck.com.br/index.php?option=com_docman&Itemid=40>. Acesso em: 10 out. 2015.

——. *Bem jurídico e Constituição*: da proibição de excesso (übermassverbot) à proibição de proteção deficiente (untermassverbot) ou de como não há blindagem contra normas penais inconstitucionais. Disponível em: <http://leniostreck.com.br/index.php?option=com_docman&Itemid=40>. Acesso em: 10 out. 2011.

SUNDFELD, Carlos Ari. *Fundamentos de Direito Público*. 2. ed. São Paulo: Malheiros, 1993.

TAVARES, André Ramos. *Curso de Direito Constitucional*. 2. ed. São Paulo: Saraiva, 2003.

TEPEDINO, Gustavo. *Temas de Direito Civil*. Rio de Janeiro: Renovar, 1999.

TRINDADE, Antonio Augusto Cançado. *Tratado de direito internacional dos direitos humanos*. v. 1. Porto Alegre: Sergio Antonio Fabris, 1997.

TRUJILLO, Élcio. *Responsabilidade do Estado por ato lícito*. São Paulo: Editora de Direito, 1995.

UNIÃO EUROPEIA. *Carta dos Direitos Fundamentais da União Europeia*, 18 dez. 2000. Disponível em: <http://www.europarl.europa.eu/charter/pdf/text_pt.pdf>. Acesso em: 15 set. 2015.

VALLE, Vanice Regina Lírio do. *Direito fundamental à boa administração e governança: democratizando a função administrativa*. Tese para obtenção do título de pós-doutor apresentada à Escola Brasileira de Administração Pública e de Empresas. Pós-doutorado em Administração. Fundação Getúlio Vargas – FGV. Rio de Janeiro, 2010. Disponível em: <https://bibliotecadigital.fgv.br/dspace/bitstream/handle/10438/6977/VANICE%20VALLE.pdf?sequence=1&isAllowed=y>. Acesso em: 21 set. 2015.

VIEHWEG, Theodor. *Tópica e Jurisprudência*. Tradução portuguesa por Tércio Sampaio Ferraz Jr. Brasília: Ministério da Justiça em coedição com EdUNB, 1979.

VIEIRA DE ANDRADE, José Carlos. Os Direitos Fundamentais na Constituição Portuguesa de 1976. Coimbra: Almedina, 1987.

WOLKMER, Antonio Carlos. Introdução aos fundamentos de uma teoria geral dos "novos" direitos. In LEITE, José Rubens Morato; WOLKMER, Antonio Carlos (Coord). *Os novos direitos no Brasil: natureza e perspectivas: uma visão básica das novas conflituosidades jurídicas*. São Paulo: Saraiva, 2003.

ZANCANER, Weida. *Da convalidação e da invalidação dos atos administrativos*. São Paulo: Revista dos Tribunais, 1990.

ZOCKUN, Carolina Zancaner. Da Responsabilidade do Estado na Omissão da Fiscalização Ambiental. In: FREITAS, Juarez (Org.). *Responsabilidade Civil do Estado*. São Paulo: Malheiros, 2006.

Impressão:
Evangraf
Rua Waldomiro Schapke, 77 - POA/RS
Fone: (51) 3336.2466 - (51) 3336.0422
E-mail: evangraf.adm@terra.com.br